길 끝에서
천사를 만나다

길 끝에서 천사를 만나다

초판 인쇄 2013년 12월 10일
초판 발행 2013년 12월 15일

지은이 김정애
디자인 소요 이경란
종이 세종페이퍼
인쇄 미르인쇄

펴낸이 최은숙
펴낸곳 옐로스톤
출판등록 2008년 3월 19일 제396-2008-00030
주소 (121-838) 서울시 마포구 동교동 150-11 백초빌딩 4층
전화 02-323-8851 팩스 031-911-4638 이메일 dyitte@gmail.com

이 책은 언론진흥재단 저술 지원으로 출판되었습니다.

길 끝에서 천사를 만나다

엄마와 사춘기 딸이 함께한
치유 에세이

김정애 지음

프롤로그

살다 보면 우리는 수많은 천사를 만난다. 천사는 살아가는 데 가장 절실한 밥벌이의 수단인 직업이 되기도 하고 갈등과 혼돈과 방황으로 힘겨워할 때 곁을 지켜준 사람이기도 하다. 어린 시절부터 글 쓰는 일을 직업으로 가질 수 있도록 꿈을 심어준 아버지가 천사였고, 오래전 나를 세례의 은총으로 이끌어준 시어머니가 천사였다. 힘들 때마다 내 투정을 들어준 주변 친구들이나 나를 늘 깨어 있게 하는 딸 테리, 움직이기 싫어하고 게으른 나를 산책으로 이끌어주는 스펀지, 엄마와 가족들. 그리고 삶을 앞으로 나아가게 하는 사건이나 현상, 여행 등 일일이 열거할 수 없는 어떤 일이기도 하고 눈에 보이지 않지만 무언의 힘이 담긴 많은 사람들의 염원과 기도이기도 하다. 이 모두가 내게 다 천사다.

그동안 수많은 천사들이 내 곁을 다녀갔고 지금도 그 천사들이 곁에 머물고 있지만 천사를 천사로 인식하지 못한 시절이 더 많았다. 하지만 천사들이 아니었으면 내 존재가 가당키나 할까. 지금 주위를 감싸고 있는 수많은 천사의 존재를 느낄 수 있게 된 것이 너무나 다행스럽다. 그리고 그 천사들에게 감사한다.

살아오며 곁을 스쳐간 수많은 천사들 중에 최근 얼마 동안 특별한 천사와 함께한 이야기를 해야 한다.

어디서부터 어떻게 시작해야 할까?

2008년 가을이었다. 우리, 나와 하나뿐인 딸 테리(인도 여행 중에 외국 친구들을 많이 사귀게 된 테리는 한국 이름 발음이 어려워 영어 이름을 만들어 부르기 시작했다. 나는 여행이 끝난 후에도 딸의 이름을 테리라 부르는 것이 자연스러워졌다)는 무작정 인도로 떠났다. 그 배경부터 이야기를 시작하기로 한다.

여름부터 나는 마음의 몸살을 앓기 시작했다. 40대 후반에 접어든 나이. 그 나이는 숫자에 불과할지 모르겠으나 엄청난 부담감으로 다가왔다. 겁 없고 세상물정 몰랐던 20대, 30대가 태풍처럼 왔다 순식간에 사라졌다고 느껴졌다. 바람은 잦아들어 고요해졌지만 태풍이 지나간 자리는 여기저기 찢기고 무너져 상처투성이가 되는 것처럼 40대 후반에 돌연 찾아온 불안함은 여기저기 몸과 마음에 생채기를 내기 시작했다. 이미 지나간 시간은 되돌릴 수 없다는 것이 냉혹한 바람처럼 몰아쳐왔다.

40대 후반이라면 당연히 이루리라 여겼던 것들. 소설가로서의 입지와 경제적 안정, 그리고 테리 교육에 대한 신념 등이 한꺼번에 쓰나미처럼 덮쳐들었다. 중앙문단 바깥에서 지역작가라는 피해의식에 사로잡혀 스스로를 괴롭혔고, 학생들을 울타리에 가둬놓고 입시제도의 실험 대상으로 삼는 제도권 교육에 테리를 넣어야 한다는 것도 갈등이었다. 거기에 경제적 불편함은 이런 모든 상황을 풀어가는 일을 더욱 어렵게 만들었다.

생각이 머리에서 한없이 맴돌며 벗어나지지 않았다. 모든 것이 내 탓만 같아 스스로를 닦달했다. 삶이 진전되지 않고 후퇴하고 있다는 생각에 매일의 일상이 불안하고 초조했다. 점점 예민하고 날카로워졌으며 세상을 향해, 사람들을 향해 사사건건 송곳을 세웠다.

소설가로서 명예를 얻고 싶은 욕망, 정의로운 세상을 만들어가는 일에 한몫을 담당하고 싶은 욕망, 부자가 되고 싶은 욕망, 제도권 교육과는 다르게 테리를 창의적이고 독창적인 아이로 만들고 싶은 욕망들이 내 안에서 들끓고 있었지만 욕망과 현실 사이의 간극은 점점 벌어지고 있었다.

삶은 지쳐만 갔다. 그렇다고 과감하게 이 모든 욕망을 버리지도 못했다. 이러지도 저러지도 못하는 어중간한 상황에서 더 이상 물러날 곳이 없었다.

'뭔가 변화가 필요해. 만신창이가 될 때까지 손 놓고 있을 수는 없잖아. 더 늦기 전에 변화를 시도해보는 거야.'

마음이 이렇게 말했다.

마침 테리가 중학교 졸업반이고 고등학교 진학을 앞두고 있었다. 테리는 진학에 별 흥미를 보이지 않았다. 자신이 무엇을 해야 할지 꿈이 확실하지 않은 상황에서 고등학교에 간다 한들 공부에 전념할 수 없을 것 같다고 말하던 참이었다.

"고등학교 과정 동안 한국을 떠나 여행자로 살아볼래?"

내 말에 테리는 좋아서 흥분했다. 고등학교에 진학해 어영부영 시간만 채우는 것보다 미래에 자신이 하고 싶은 일을 찾는 것이 더 중요하다고 말했다. 여행을 통해 자신의 꿈을 찾겠다며 나름 여행에 대한 명분을 확실히 만들었다. 나보다 오히려 테리의 결심이 분명했다.

이렇게 우리는 답답한 현실에서 벗어나는 방법으로 여행이라는 새로운 선택을 하게 됐다. 현실을 벗어나 낯선 곳으로 가 여행자로서 살아본다면, 그렇게 얼마간의 시간을 보내고 돌아온다면 많은 게 달라지겠지라는 막연한 기대를 가졌다. 무엇보다 팍팍하기만 한 당장의 현실에서 벗어날 수 있다는 게 너무나 매력적인 유혹이었다.

가족과 주변사람들이 무모한 일이라고 말렸지만 우리는 그 선택이 가장 이상적인 최선의 대안이라 생각했다. 주변사람들의 어이없어하는 말과 표정들이 의식되지 않을 만큼 우리는 선택에 당당했고 그것이 우리 미래를 바꿔줄 거라고 믿기 시작했다. 더 주저할 이유가 없었다.

지나간 시간을 자책하고 내 인생 고작 여기까지인 걸까 되뇌이며 어느 날 찾아든 삶의 위기를 두려워하기보다는 일단 벗어나 새로운 것에 다가가보고 싶었다. 돈과 명예와 같은 현실적인 욕망들이 온통 정신을 지배하고 있는 일상에서 잠시라도 놓여날 수 있다면, 그래서 나를 변화시킬 수 있다면, 그로 인해 자유로워지고 평화로울 수 있다면 어떤 시도라도 해야 했다. 그렇게 선택한 것이 인도 여행이었다.

인도 여행을 마치고 다시 한국에 돌아와 특별한 치유 여정을 거쳐온 긴 나날들이 마치 저 우주공간 속에서 보내다 하루아침에 제자리로 돌아와 있는 기분이다. 한 시대를 건너뛴 느낌이지만 그사이 많은 일이 일어난 것은 분명하다. 그러나 그 일들은 지금 돌이켜보면 우리에게 실제로 일어났던 일일까 싶게 모든 게 모호하다. 아니면 오래전부터 이미 운명처럼 계획된 것은 아니었을까 하는 생각도 든다.

우리에게 일어난 일이 누구나 경험하는 중년의 고비와 폭풍전야와 같은 사춘기를 맞이한 두 모녀가 인생의 여정에서 겪는 몸살 같은 것이었을지도 모른다. 하지만 그 시간 속에서 나는 평생 숨겨놓았던 치부와 상처를 드러내 그것들을 정면으로 마주할 수 있었다. 때로 고통스러웠지만 그로 인해 내 삶이 변화했고 심화되고 자유로워졌음을 느낀다.

 살아가는 모습은 예전과 달라진 게 없다. 나는 직장에 출근하며 글을 쓰고, 딸 테리는 남과 다름없는 평범한 대학 생활을 한다. 달라진 것은 우리의 내면이다. 고통과 좌절의 긴 터널을 지나오면서 잊고 지냈던 나의 가치를 되찾게 되었다. 무엇보다 소소하고 특별할 것 없는 매일의 일상이 너무나 풍요롭고 소중해졌다. 그것이 감사할 뿐이다.

프롤로그 _004

1. 왜 인도였을까, 놀라운 인디아

꾸미지 않은 날것의 모습으로 _017
오로빌리언이 되기에는…… _021
멋진 여행자, 테리 _026
티루로, 나를 찾아 _035
여행지에서의 만남 _039
인연 1 _044
비우고 덜어내고 다시 길을 나서 _046
여행, 낯선 삶 속에 나를 던지는…… _050

2. 삶은 늘 어긋나게 마련이다

2년 3개월 만에 돌아온 일상 _057
새로운 가족, 스펀지 _061
테리의 방 _064
혼자만의 세계로…… _067
삶은 늘 어긋나게 마련일까 _072
스펀지를 길들이다 _074
마음의 끈을 놓아버리다 _077
이보다 더 슬플 수는 없어 _079
"엄마의 말은 종종 송곳이었어" _083
"테리가 힘들어해요" _087

내 욕심의 끝 _092
내 힘으로는 어쩔 수 없어 _095

3. 천사를 만나다, 너를 도와줄게

소나에게 생긴 일 _101
너를 도와줄게 _104
손님맞이 준비 _106
부모와 자식 _109
집 안의 공기를 정화하다 _111
인연 2 _113
천사를 만나다 _116
치유를 받아들임 _119
"당신들은 많이 아픕니다" _125
천사의 기적 _132

4. 치유의 날들

외롭고 슬픈 마음을 위한 잔치 _139
미안하다, 사랑한다 _142
"엄마, 너무 고마워" _146
즐거움을 선사하다 _150
슬프고 외로운 마음 _153
수정막대의 신비 _158
외로운 마음이 빠져나가다 _164
몸이 원하는 것 _167
엄마라는 존재 _169
집착은 만병의 원인 _173

도움을 청하는 용기 _179
간절함으로 가능한 소통 _183
만트라 _187
테리에게 찾아온 평화 _189
다 비울 수 있을까 _190
침묵의 힘 _193
명동에 가자 _202
독이 된 사랑 _207
나를 정화한다는 것 _212
땀은 새로운 에너지의 원천 _217
나를 버려야 가능한 기부 _220

5. 천사가 남기고 간 것

천사가 남기고 간 것은 _229
'순례자' _233
오늘이라는 선물 _236
"엄마, 테리가 살아났어" _240
화, 한숨이 사라졌다 _243
삶의 십자가를 내려놓아 _246
나 자신과 하는 고해성사 _249
산책, 삶의 덤 _252
두려움에 직면하는 자세 _257
테리에게 _259

에필로그 마지막 숙제의 의미 _262

1.
왜 인도였을까, 놀라운 인디아

왜 인도였을까, 놀라운 인디아

꾸미지 않은 날것의 모습으로

왜 인도였을까.

20년 전 신문사 문화부기자 시절 화가 여러 명과 인도로 여행을 한 적이 있다. 해외여행도 처음이었는데 그 첫 해외여행이 인도였다. 한 달 남짓한 인도 여행은 한마디로 감질났다. 그래, 감질났다는 말이 적절하다.

인디아 게이트 광장을 가득 채우고 있는 까마귀 떼와 거지들, 가는 곳마다 만나는 엄청난 인파, 끝도 없이 넓은 평원, 밤새 달리는 기차, 불가사의한 수많은 문화유적지, 다양한 음식, 지역마다 다른 언어와 문화, 여인들의 옷 사리, 도저히 굴러갈 수 없을 것 같은 자동차, 흰 천으로 무릎 위를 두른 남자들의 옷 응개, 진심을 다해 경배하는 종교의식, 보통이 하나가 전부인 거리의 수많은 수행자, 황량한 땅 위에 하얗게 날리는 흙먼지, 도심 속의 빈민가…… 눈으로 보이는 이 다양한 모습이 전부가 아니었다. 눈에 보이지 않지만 뭔가 마음과 몸에서 느껴지는 자유와 평화 같은 기운이 있었다.

누추한 옷을 입고 있어도 아무데서나 주저앉아도 타인의 시선을 의식하지 않을 수 있는 자유로움, 배가 고프면 누구에게나 손을 벌려 얻어먹을 수 있는 당당함, 이루어야 할 꿈이 없어도 부끄럽지 않을 수 있는…… 왠지 인도에서는 시간과 공간과 시대와 온갖 물질과 욕망을 뛰어넘어 온전한, 날것의, 꾸미지 않은 자기 자신으로 살아갈 수 있을 것 같았다.

잠시 머문 인도가 그렇게 강렬하게 남아 있었다. 평생을 보고 느껴도 새로운 것 천지일 것 같은 인도가 숙제처럼 마음 한쪽에 똬리를 틀고 있었다. 욕망으로 점철된 일상의 욕심을 어떤 방법으로든 해결할 수 있다면, 그로 인해 마음과 몸이 고요해지고 평화로울 수 있다면, 그래서 진정한 자유로움을 느껴볼 수만 있다면 주저할 이유가 없었다.

'언젠가 이곳에서 사는 것처럼 오래 머물 수 있는 여행을 계획하고 다시 오리라.'

그때 스스로 한 언약이 수면 위로 구체적으로 떠올랐다. 무엇보다 그곳은 물가가 저렴하다는 것을 기억하고 있었다. 적은 돈으로 테리 공부도 시키고 여행도 하고 글도 쓰면서 이 불안과 초조의 시간을 견뎌보리라. 이런 생각을 떠올리자 그 순간 마치 칙칙한 인생에 한 줄기 햇살이 비쳐드는 것 같았다.

인도 여행 계획을 세우고 인도에 관한 정보를 수집하던 중 우연히 인도 남부 타밀나두 주 폰디체리에 있는 오로빌 공동체에 대해 알게 됐다. 전 세계인들이 모여 인류의 일체성을 실현하기 위해 공동체를 형성한 곳. 개개인의 진보를 가장 중요한 가치로 생각하면서 공동체 안에서 자급자족을 이루기 위해 노력해가는 곳.

과연 인도는, 혹은 오로빌은 내게 약속의 땅이 될 수 있을까 궁금해지기 시작했다. 진보하지 않고 정체된 삶에 대한 갈망이 일상을 휘저어놓은 가장 결정적인 이유라면, 개인의 진보를 최대의 가치로 생각한다는 오로빌이 답답한 숨통을 틔워줄 돌파구가 될 수 있을 것이라는 기대를 하기 시작했다.

이 무렵 오로빌 공동체에 대한 책《웰컴투 오로빌》을 접한 것은 마치 구세주를 만난 것 같았다. 책 속의 오로빌 이야기는 바로 내가 꿈꾸던 이상적인 사회였기 때문이다.

"이 지구상에, 어떤 나라도 영유권을 주장하지 못하는 곳이 어딘가에는 있어야만 합니다. 선한 의지와 진지한 열망을 지닌 모든 인간이 세계의 시민으로서 자유롭게 살 수 있는 곳, 지고의 진리라는 유일한 권위에만 복종하여 살 수 있는 그런 곳이 어딘가에는 있어야만 합니다.

그곳은 평화와 일치와 조화의 장소로서, 인간의 모든 전투적 본능이 오직 자신의 고통과 불행의 원인을 정복하고, 자신의 나약함과 무지를 이기며, 자신의 한계와 무능을 극복하기 위해서만 쓰이는 곳이며, 진보에 대한 관심과 영혼의 요구가 욕망의 만족과 쾌락의 추구와 물질의 향유보다 우선되는 곳입니다.

이곳에서 아이들은 자신의 영혼과의 교감을 잃지 않은 채 온전히 성장해갈 수 있을 것입니다. 교육은 시험을 통과하고 자격과 지위를 얻기 위한 것이 아니라, 자신의 재능을 가꾸어 새로운 재능을 일구어내기 위한 기회로서 주어질 것입니다."

-오로빌 설립자 마더의 〈꿈〉 중에서

30여 년 전 오로빌을 세운 마더가 쓴 〈꿈〉이라는 글은 꿈처럼 비현실적인 이야기지만 가슴속에 작은 파장을 일으켰다. 우리나라 교육정책에 대한 불신으로 바람에 갈대가 흔들리듯 흔들리는 나의 교육관, 끝없이 높은 곳을 향해 있는 내 욕망과 성취하지 못하는 것에 대한 욕구불만, 삶의 진정한 가치를 찾지 못해 갈등하는 불확실한 미래. 이 모든 번민을 한꺼번에 해소시켜줄 수 있는 대안이 오로빌이라고 생각했다.

이 지구상에 과연 그런 곳이 있을까? 그 궁금함과 나를 변화시킬 수 있을 것 같은 기대가 버무려져 인도로 가는 길에 힘이 됐다.

막연하기만 했던 인도 여행의 뚜렷한 목적지가 정해진 셈이다. 긴 여행을 떠나기 위해 우리는 한국에서의 생활을 정리하기 시작했다. 그때가 2008년 12월이었다.

오로빌리언이 되기에는……

한밤중에 인도 첸나이 공항에 도착했다. 12월의 밤은 생각한 것보다 덥지 않았다. 인도가 처음인 테리는 모든 것이 낯설고 신기한 모양이었다. 나는 밤이어서 다행이라는 생각을 했다. 이미 오래전 인도에 첫 발을 내디뎠을 때 한낮의 덥고 후덥지근한 공기가 마치 내 숨통을 조일 것처럼 달려들었던 기억이 있기 때문이다.

택시를 타고 목적지인 오로빌로 향했다. 게스트하우스를 예약해 놓은 상태여서 마음이 편안했다.

뉴 크리에이션. 프랑스인이 인도 여자와 결혼해 살며 운영하는 게스트하우스다. 우리는 새벽에 오로빌 뉴 크리에이션에 도착했다. 키가 큰 경비원이 플래시를 들고 다가와 우리를 도왔다.

그가 문을 열어줘 들어간 방은 조명은 어둡고 커튼이 없었다. 침대는 삐그덕거리고 이불은 냄새가 풍기고 하얀 벽의 절반은 곰팡이로 도배돼 있었다. 가방을 내려놓는 손에 힘이 빠졌다. 테리는 그 작은 방이 만화 속에 나오는 한 장면 같다고 했다.

밤하늘이 보이고 나무줄기가 드리워진 창문, 작은 화장실, 작은 책상, 작은 옷장. 그것이 어린 시절 소꿉놀이하던 장난감 방 같단다. 아늑하단다. 나는 실망하는데, 테리는 좋다고 했다. 나도 좋은 척할 수밖에 없었다.

침대보를 빼내 커튼 줄에 걸었다. 냄새나는 침대 위에 우리가 가져간 침낭을 깔았다. 좀 나았다. 고단한 우리는 씻지 않고 누웠다. 불을 끄니 동굴 속 같았다. 몸이 침대 아래로 가라앉는 느낌이었다. 느낌이 아니라 침대가 움푹 파여 몸이 아래로 처지는 것이다. 허리가 불편했다. 그래도 베개를 끌어안고 엎드려 누웠다. 베개가 젖는 것 같았다. 까닭 모를 설움이 뭉클 토해졌다.

오로빌에서의 첫날이 그렇게 시작됐다.

개인의 발전과 진보를 중요하게 생각하고 인류의 일체성 실현을 목표로 한다는 오로빌 공동체는 40개국의 나라에서 모인 2,000여 명의 오로빌리언(주민)이 광활한 숲속에 큰 마을을 이루며 살고 있다. 오로빌이라는 큰 공동체 안에는 다양한 소규모의 공동체들이 보물처럼 숲속 곳곳에 숨어 있다. 각각의 공동체가 추구하는 목표나 삶의 방법도 다양했다. 어느 공동체는 유기농업을 연구하며 생활하고 어느 공동체는 수공예를, 또 다른 공동체는 공연예술을 주관하고, 청소년 교육, 명상, 생태 기술…… 이렇게 공동체마다 각기 목표가 정해져 있어 그 목표를 실현하기 위해 노력하고 있다.

현재의 오로빌은 마더의 꿈에 다가가기 위한 건설 과정에 놓여 있는 셈이다. 언젠가는 그 꿈을 실현할 수도 있겠지만 그 꿈이 실현되지 않더라도 결코 실패한 공동체가 될 수는 없다. 오로빌 주민들은 완벽을 추구하기보다는 자연과 상생하고 세계인이 조화롭게 살아가기 위해 노력하는 그 과정을 즐기기 때문이다. 자급자족의 문제, 교육 문제, 오로빌 주변 인도 현지인들과의 조화 등 오로빌리언들이 넘어야 할 산도 많다. 이상을 향한 여정에 놓여 있는 이 실험도시에 우리가 들어선 것이다.

어딜 가나 현실과 이상 사이에는 괴리가 존재한다. 오로빌이 추구하는 이상만큼은 내가 꿈꾸던 공동체와 맞닿아 있었다. 하지만 오로빌리언이 되기 위해서는 1년간의 예비 오로빌리언이라는 수련 과정을 견뎌야 하는 통과의례가 있었다. 어쩔 수 없이 오로빌도 자본주의 논리를 따라 돌아가는 공동체이다. 오로빌리언이 되는 과정에서 개인의 능력과 경제력에 따라 여러 가지 변수가 생길 수 있었고 경제력이 뒷받침해주지 않으면 예비 오로빌리언 과정을 겪어낼 수 없었다. 게스트하우스 요금은 물론 기타 비용이 만만치 않게 소요되기 때문이다.

오로빌은 아직 미완의 마을이고 실험 단계에 있는 공동체이다. 가장 먼저 해결해야 할 문제가 공동체 구성원들의 자급자족과 십대 청소년들의 교육이었다. 일을 하고 싶어도 급여를 받으며 일할 수 있는 일터가 부족했고 청소년 교육이 제대로 틀을 잡지 못하고 있었다. 두 가지 중요한 문제에 우리는 제동이 걸렸다. 예비 오로빌리언으로서 보낼 수 있는 돈도 부족했고 테리 교육도 오로빌에서 대안을 찾을 수 없었다.

오로빌의 이상만 보고 현실을 보지 못한 셈이다. 나는 늘 서두르고 급히 가고 싶어 하고, 치열하게 노력하지 않으면서 하루아침에 뭔가 이뤄지길 기대하는 속성이 여기서도 예외가 아니었다.

오로빌은 서두르지 않는다. 오로빌의 가장 큰 과제인 자급자족 문제도 긴 시간을 두고 진행 중이고 아이들 교육도 환경도 현지인들과 조화롭게 살아가는 방법도 다 느리게 천천히 가고 있다. 그 많은 문제들을 내 것으로 받아들이기에는 내 현실적인 욕심들이 더 절박했다. 한국에서의 팍팍한 현실을 피해 달아나듯 온 오로빌에서 다시 같은 고민거리를 가지고 실랑이할 힘도, 오로빌의 실험적인 방법을 받아들이면서 기다려줄 여유도 없었다. 오로빌이 이상을 실현해나가는 과정에서 나도 역할을 하고 싶거나 일부분이 될 수도 있겠다고 생각했지만 여러 가지 면에서 자격이 없었다. 결국 오로빌에 도착한 지 며칠 지나지 않아 여행자로 잠시 머물다 떠나겠다는 생각을 일찌감치 굳혔다.

그렇게 우리는 오로빌에 여행자로 머물게 되었다.

멋진 여행자, 테리

오로빌에 있는 게스트하우스 중 뉴 크리에이션 게스트하우스는 저렴한 축에 드는 편이었다. 저렴한 비용에 비해 좋은 점도 많았고 반대로 우리가 감내해야 할 것도 많았다.

장점이라면 아침마다 다른 나라의 여행자들을 만나 차를 마시며 이야기해볼 수 있고, 개나 고양이, 소가 한 울타리에서 자라고 있으니 오다가다 그것들을 쓰다듬어주는 재미 또한 쏠쏠했다. 그런 장점이 있는 반면에 싼 방이 갖고 있는 단점들 때문에 감수해야 하는 불편함도 컸다.

우기가 막 지난 계절이어서 벽에는 곰팡이가 잔뜩 슬어 있어 방 안을 둘러보는 것이 불쾌했고 일층 단독 방갈로 형태의 방은 매일 쓸어내도 개미와 다리가 여럿 달린 벌레들이 수없이 들어왔다. 문을 열고 있으면 어른 팔뚝만 한 큰 뱀이 획획 지나가니 언제 우리를 공격할지 몰라 늘 문을 닫고 살아야 했다. 방은 불을 켜도 어두워 글을 쓰거나 책을 보기가 너무 불편해 집중을 할 수 없었다. 더 중요한 것은 자꾸만 청승맞은 생각만 하게 된다는 사실이었다. 조금만 더 돈을 쓰면 쾌적한 공간에서 지낼 수 있는데, 그 돈의 차이 때문에 고민하고 있는 것이다.

이렇게 장점과 단점 사이를 오가며 돈의 가치를 재고 무엇이 우리에게 절대적인가를 나는 끊임없이 저울질했지만 오히려 테리의 태도는 분명했다.

"우리가 호화판 생활하자고 인도 온 거 아니잖아? 어린 딸이 견딜 만하다는데 엄마는 왜 못 참아?"

부끄러웠지만 편리한 생활에 오랫동안 길이 든 나는 포기가 안 되었다. 결국 한 달 반 만에 좀 더 쾌적한 아파트형 주택 커리지(용기)라는 이름을 가진 공동체로 옮겼다. 숲속 한가운데 있는 집은 한결 쾌적했다. 앞뒤로 창이 넓어 바람이 좋았고 3층이어서 벌레들도 덜 들어왔다.

어쨌든 우리는 집을 옮기고 자연의 풍요로움 속에서 산책도 하고 그림도 보러 다니고, 오로빌의 상징인 마티르 만디르에서 명상도 하고, 프랑스 영화도 보며 오로빌 공동체가 주는 문화적인 혜택들을 누려보았다.

그 사이 테리는 이스라엘인이 운영하는 생태공동체 농장 '사다나 프로스트'에 2주간 자원 봉사를 다녀왔다. 원두막 같은 움막에서 모기와 함께 잠자며 최소한의 물로 샤워하고 하루 5시간씩 40도를 웃도는 땅에서 흙벽돌로 불가마 짓는 일을 도왔던 테리는 그곳에서의 생활을 오로빌 생활 4개월 중 가장 즐거운 경험이었다고 했다. 이것을 계기로 테리는 각 나라에서 온 자원 봉사자들과 친구가 되었고 오로빌의 현실을 몸소 체험하면서 나보다는 오로빌 공동체에 한 발 더 가까이 다가간 것처럼 보였다.

세계 곳곳에서 많은 여행자들이 모이는 이곳에 체류하는 비용이 만만치 않게 들어가기 때문에 오로빌에서 길게 머물 수 없었다. 우리는 본격적으로 길을 떠나 이동하는 여행을 해야 했다.

테리는 낯선 땅, 불편한 환경에 나보다 더 잘 적응했다. 무엇보다 테리가 영어에 그렇게 능통할 줄 몰랐다. 중학교 졸업할 때까지 테리가 외국인과 영어로 대화하는 것을 볼 기회가 없었기 때문에 학교 영어성적으로만 가늠할 수밖에 없었다. 다른 과목에 비해 테리가 영어과목이 월등하다는 것 정도로만 알고 있었다.

처음 오로빌에 도착해 이튿날 뉴 크리에이션 식당에서 외국인들과 함께 아침을 먹는데 외국인과 자연스럽게 영어를 구사하는 테리를 보고 깜짝 놀랐다. 해외로 영어연수를 간 적도 없고 영어학원을 꾸준히 보낸 적도 없는데 영어를 저렇게 자연스럽게 구사할 수 있다니.

아무래도 테리가 영어를 잘하게 된 배경은 어린 시절부터 꾸준히 들려준 영어동화와 영어책 읽기가 이유인 것 같았다. 어려서부터 영어로 녹음된 동화 테이프를 매일 꾸준히 들려줬고 디즈니 만화영화를 무척 좋아해 한글자막 없이 여러 번 반복해서 보곤 했다. 영어를 읽을 수 있게 되었을 때는 영어 동화책을 많이 읽었다. 고학년이 되면서부터는 영어 소설을 읽기 시작하더니 어느 날 《해리포터》 시리즈를 원서로 읽었다.

그게 전부였는데 영어 발음이나 의사전달 면에서 너무나 자연스럽게 영어를 구사하는 테리가 신기하기만 했다. 어려서부터 지속적으로 영어 테이프를 들어 테리의 귀가 열린 셈이다. 듣는 귀가 열려 있으면 대화가 가능하다는 것을 확인한 것이다.

어쨌든 테리는 유창한 영어 실력으로 서양 친구들을 사귀었고 인도 여행을 즐겼다.

종종 영어로 일기를 쓰고 글을 쓰거나 파울로 코엘료, 무라카미 하루키 등의 영문소설을 읽으며 다국적 문화를 거침없이 받아들이는 테리가 부러웠다.

바라나시와 맥클로드간지에 머물면서는 힌디어를 공부했고 캘커타에서 자원봉사하는 동안 스페인 친구들을 만나면서 스페인어에 관심을 가졌다. 친구에 대한 관심으로 시작한 스페인어 공부가 어느 날 실제 유창한 대화로 이어지는 것을 보면 놀라울 뿐이었다.

테리는 관심을 갖고 바라보는 시선도 달라지기 시작했다. 번듯한 부자들보다는 거리의 가난한 거지들에 더 관심을 가졌고 오고 가다 거리에서 만나는 도움이 필요한 사람들을 기꺼이 도왔다. 개와 고양이 등 병든 동물들을 보면 그냥 지나치지 않았다.

캘커타에 머물 때는 마더 테레사 '사랑의 집'에서 3주간 자원봉사를 했다. '사랑의 집'에서 장애 어린이 돌보는 일을 하게 된 테리는 이때만큼은 어른이 된 것 같았다. 내가 깨우지 않아도 이른 새벽에 일어나 스스로 준비하고 나갔으며 몸을 제대로 움직일 수 없는 아이들을 목욕시키고 밥 먹여주는 일이 할 만했단다. 테리는 이

때의 경험을 계기로 자신의 꿈을 결정했다. 국제단체에서 세계의 어려운 아이들을 돕는 일을 하겠다는 것이다.

맥클로드간지(맥간)를 여행할 때다. 외출한 테리가 돌아오겠다는 시간에 오지 않아 대체 무슨 일일까 궁금했다.

인도 보다폰으로 전화가 왔다.

"엄마, 길에서 미국인 할아버지가 쓰러지셨는데, 다쳤어. 피가 나. 그래서 도와주고 있느라고. 엄마가 이리로 와라."

테리가 있다는 카페로 갔다. 어떤 상황인지 짐작이 갔다. 맥간에 오래 묵고 있는 사람이라면 한 번쯤은 본 적이 있는 할아버지였다. 당뇨로 다리가 썩어가고 있고 걸음도 잘 못 걷는 미국인 할아버지. 치매 기운까지 있어 말도 횡설수설하는 연로한 할아버지가 맥간에 머물고 있었다.

그 할아버지는 달라이 라마와 악수하며 찍은 사진을 주머니에 넣고 다니면서 만나는 사람에게 자랑하곤 했다. 달라이 라마를 너무나 사랑하는 할아버지. 달라이 라마는 그가 맥간에 머물고 있는 이유라 했다. 걸음도 잘 못 걷는 할아버지가 부축해주는 사람 없이 식사 때가 되어 카페를 가다 넘어진 것이다. 테리가 잘 따르던 한국인 여행자 리나 언니가 함께 있었기에 망정이지.

여자 둘이서도 감당하기에 버거운 할아버지였다. 마침 지나던 테리와 리나가 보고 할아버지를 돕게 되었고 다친 다리 응급처치를 해주고 할아버지가 원하는 카페까지 모셔다 드리는 데 한 시간

이상이 걸린 것이다. 한 발 내딛는 데 몇 분이 소요되고 앉는 의자도 자신이 편안하지 않으면 바꿔야 하고 주문한 음식은 잘게 썰어줘야 하고. 그 모든 뒷바라지를 리나와 테리가 하고 있는 모습을 보다 외면하고 밖으로 나왔다.

"밖에서 기다릴게."

한참 시간이 지나 리나와 테리가 나왔다. 둘은 진땀을 뺀 듯 기진맥진해 보였다.

"엄마, 할아버지 불쌍해."

"저 정도면 불쌍한 게 아니고 주변 사람들에게 폐 끼치는 거야. 성질도 사납기로 소문났잖아. 돌봐주던 인도 청년도 떠났다고 하고. 돈도 있다며, 본국으로 돌아가 요양원에서 지내야 할 형편이지. 병든 몸으로 돌봐주는 사람도 없이 남의 나라에 와서 사는 건 민폐야."

"하긴. 도움을 주는 사람들에게 어쩜 그렇게 당당하게 요구하는 게 많은지. 웬만한 사람은 받아주기 어려울 거예요."

리나가 말했다.

"그래도 도울 수 있을 만큼만 도우면 되지. 도와주지도 못하면서 이러쿵저러쿵 하지 마."

테리가 내게 핀잔주듯 말했다.

착한 딸, 이웃이나 약자를 배려하는. 어느새 이렇게 자랐나. 테리 앞에서 부끄러웠다. 몸으로 도와주지도 못하면서 늘 말로만 떠

들곤 하는 내 모습이.

 이 일은 하나의 에피소드에 불과했다. 여행 중에 테리는 언제나 자신보다 남을 더 배려했고 강한 자보다 약하고 가난한 사람들에게 따뜻한 마음을 보여주곤 했다. 크고 사소한 사건들을 접할 때마다 테리는 언제나 나보다 더 신중했고 현명한 판단을 내렸다. 내가 이러지도 저러지도 못하는 상황에 놓였을 때 늘 나의 조언자가 돼 주었다.
 낯선 지역에 대한 호기심과 문화유적에 대한 지적인 탐구도 왕성했다. 날이 덥다거나 힘들다거나 하는 이유로 주저앉아 있는 일보다는 하나라도 더 보고 느끼고 부딪히길 원했다. 나는 주저앉아 게스트하우스에서 뒹굴어도 테리는 새로 사귄 친구들과 늘 움직이며 바쁘게 보냈다.
 어느 지역을 가나 현지인들에게도 거침없이 먼저 다가갔다. 나이와 성별을 가리지 않고 모든 이들과 잘 어울렸고 누구 앞에서나 당당했다. 여행경비를 절약하는 일이나 서양 친구들과 어울려 노는 일에도 나름 기준을 정해 스스로 절제할 줄 알았다. 테리는 여행을, 낯선 곳에서 머무는 일을 나보다 더 즐길 줄 아는 아이였다.
 여행을 하는 동안 나는 세상에서 가장 완벽한 사람이 있다면 테리라고 생각할 만큼 테리는 흠잡을 곳이 없었다. 함께 여행을 하는 파트너로서는 제격이었다.

물론 여행하는 동안 서로 갈등도 다툼도 무수히 많았다. 친해진 사람들에게 버르장머리 없게 굴어 많이 혼나기도 했다. 덜렁대고 자유분방한 성격 때문에 실수도 많았다. 하지만 테리의 나이를 생각하면 너무나 멋진 여행자였다. 언젠가부터 여행의 주도권을 테리에게 넘겨줘야 했다.

테리는 여행 중에 틈틈이 그림을 그리고 글을 썼다. 손에 펜을 잡아 종이에 낙서하듯 그림을 그리면 한 편의 작품이 될 만큼 테리의 그림 그리는 솜씨는 엄마인 나의 자랑이 되기도 했다.

인도 여행은 엄마와 딸로서 평생 경험할 수 없는 특별한 시간이었다. 여행을 통해 우리는 더욱 견고해졌고 우리가 함께한 시간들은 세상의 무엇과도 바꿀 수 없는 보물이 되었다. 인도 여행 이전에는 몰랐던, 테리에게서 보지 못했던 새로운 모습을 보게 된 것은 엄마로서 엄청난 축복이었다.

자신보다 어려운 이웃에 대해 따뜻한 마음을 갖게 된 것은 인도 여행이 테리에게 준 가장 값진 선물이기도 하다. 다양한 나라와 다양한 국가 사람에 대한 관심은 외국어에 대한 호기심뿐 아니라 테리의 관심을 세계로 향하도록 해주었다. 미래에 국제단체에서 일하고 싶다는 꿈을 일깨워준.

어려운 이웃에 대해
따뜻한 마음을 갖게 된 것은
인도 여행이 테리에게 준
가장 값진 선물이기도 하다.
다양한 국가 사람에 대한
관심은 테리의 관심을 세계로
향하도록 해주었다.

티루로, 나를 찾아

인도 여행 동안 무수한 도시를 여행했지만 여행지를 다 소개할 수는 없고 이 글을 위해 작은 도시 티루반나말라이(티루)를 이야기해야 한다.

오로빌에 머물던 중 하루만 여행차 다녀오자며 우리는 길을 나섰다. 그런데 그 하루가 5개월이 넘게 됐다. 오로빌과 같은 타밀나두 주에 속하는 티루는 오로빌에서 버스로 4시간 정도 내륙으로 들어가야 한다. 길을 나설 때만 해도 오로빌에 살고 있는 한국 오로빌리언들이 티루를 좋아해서 단지 그곳이 궁금했을 뿐이다. 대체 무엇 때문에 좋다는 건지, 전혀 알 수 없었고 알려고 하지도 않았다. 그러던 차에 무심하게 발길이 티루로 향했다.

아침 일찍 폰디체리 시내로 나가 버스를 타고 네 시간 남짓 달리자 폰디체리와는 다른 분위기가 느껴지는 도시에 도착했다. 폰디체리가 영국 식민지 시절의 잔해가 남아 다소 영국도시 같은 느낌이 든다면 티루는 전형적인 인도의 도시였다. 사람도 많고 거리는 더럽고 무질서했다. 그러면서도 이 인도스러운 도시의 첫 느낌이 싫지 않았다.

버스 정류장에서 오토릭샤를 타고 우리의 목적지이며 여행자들이 주로 머물고 있는 스리 라마나 마하리쉬 아쉬람(성자 라마나 마하리쉬가 세우고 머물러 성지가 된 아쉬람) 근처에 도착한 후 게스트하우스를 구해 간단한 짐을 풀었다. 점심을 먹은 오후에는 오로빌리언들의 조언대로 성산이라 불리는 아루나찰라 산(인도인들이 섬기는 신의 하나인 시바 신의 실체라 함)을 오른쪽으로 한 바퀴 도는 오른돌이를 하기로 했다.

예부터 이곳을 섬기는 인도인들은 아루나찰라 산을 한 번 돌면 신과 한 번 영접하는 것이라 해서 이 산을 매달 보름날마다 돌며 그 행위를 신성시했다. 우리 같은 초보자들은 한 바퀴 걷는 데 넉넉히 5시간은 잡아야 한다. 중간에 쉬어야 하고 물과 간식도 사 먹어야 하기 때문이다. 어쨌든 아무것도 모르는 우리는 그 길을 걷는 것이 좋다 하니 무작정 시도해보았다. 그런데 아루나찰라 산 둘레를 걷기 시작하면서부터 마음에 변화가 일기 시작했다. 신기했다.

조금은 복잡한 아쉬람 앞의 도로를 벗어나 한적한 농촌풍경이 펼쳐지는 지점으로 가니 그 풍경이 너무나 평화롭고 고요했다. 그렇게 보이는 것은 눈에 보이는 풍경만이 아니었다. 마음도 함께 평온해지는 것을 느꼈다. 이런 생각은 나 혼자 하고 있었던 것이 아니라 테리도 똑같이 느끼고 있었다.

테리가 느닷없이 "여기서 살고 싶다"고 말했다. 우리는 주저할 이유가 없었다. 어차피 여행자인 우리는 오로빌에 오래 머물 이유도 없으니 이곳으로 옮겨보자는 말이 너무나 자연스럽게 일치되었다.

오로빌로 돌아가 짐을 챙겨 다시 티루로 돌아왔다. 얼마 동안 머물지 몰라 우선 게스트하우스를 구했다. 시간이 지나면서 우리는 이 특별한 도시의 영적인 힘을 맘껏 느끼기 시작했다. 어쩌면 오로빌만큼이나 장기간 머물게 될 것 같은 예감이 들었다. 우연찮게 한국 스님이 머물던 방을 저렴하게 임대해 숙박비를 줄일 수 있었다.

아루나찰라 산의 뜻이었을까. 티루라는 도시는 여행자가 선택하는 것이 아니라 신께서 선택한 사람만이 머물 수 있다고 하던데, 마치 우리가 아루나찰라 산의 선택을 받은 기분이었다. 방을 저렴하게 임대해 음식도 해먹으며 편안하게 지낼 수 있게 된 게 아루나찰라 산의 은총이라는 생각까지 들었다.

오로빌보다는 어른들이 많은 도시여서 테리는 심심해하고 적적해했지만 책을 읽거나 그림을 그리고 산책하는 일들로 나름대로 티루의 분위기에 맞춰 잘 지냈다. 단골 카페를 만들고 단골 튀김집 소년, 단골 파루타 집 아저씨, 단골 오토릭샤 아저씨, 단골 과일가게 아저씨, 단골 코코넛 아줌마, 단골 짜이 집 청년들이 있어 우리에게 티루가 따뜻한 도시라는 것을 느끼게 해주었다.

티루의 존재가 세상에 널리 알려지게 된 것은 이곳에 와서 성자가 된 라마나 마하리쉬 때문이다. 라마나 마하리쉬는 티루에 와서 자신의 가르침을 따르는 사람들을 중심으로 공동체를 세웠다. 그것이 오늘날 라마나 마하리쉬 아쉬람이 되었고 세계인들이 많이 찾는 도시가 되었다.

이곳 사람들은 마하리쉬를 예수와 부처의 반열에 오른 성자라 하는데, 그의 가르침을 배우고 실천하기 위해 세계에서 많은 사람들이 몰려든다. 마하리쉬의 가르침은 자신 안에 있는 참된 자아를 찾는 것이, 즉 '자아 탐구'가 깨달음에 이르는 최고의 길이라는 것이다. 이 길을 가기가 어려운 사람에게는 헌신의 길을 권유했다고 한다.

깨달음에 이르는 과정이 곧 수행이라고 한다. 마하리쉬는 수행을 위해 명상이나 요가, 노동, 채식 등을 권장했다.

티루를 찾는 많은 사람들은 참된 자아를 찾기 위한 수행자들이다. 신부, 목사, 스님 등 종교와 직업, 인종, 남녀노소를 불문하고 세계의 다양한 사람들이 이곳을 찾는다. 아무래도 참된 자아를 찾는 일이란 자신들이 섬기는 신의 종류와 다른, 개인의 문제인 모양이다.

티루에 머물고 있는 수행자들은 물론 티루에서 나고 자란 보통 사람들까지도 명상을 통해 자신의 참된 자아를 찾기 위해 노력한다.

나는 수행이나 명상과는 거리가 멀게 살아왔고 아직도 그것의 가치를 잘 모른다. 하지만 이곳에 와서 깨달은 것이 있다면 티루에 머무는 사람들의 생활 속에, 그들의 기운 속에 면면히 흐르는 무엇을 느낄 수 있다는 것이다. 자아탐구는 못하더라도 적어도 신께 자신을 내맡기거나 헌신을 실천하려는 사람들이 많다는 것을. 그 기운이 고스란히 느껴지는 곳이 티루였다.

여행지에서의 만남

여행지에서 만나는 사람마다 학교에 가지 않고 여행을 하고 있는 테리를 보면 신기해했다. 대부분 용기 있는 선택이라고 부러워했다. 테리 역시 자신의 선택에 대해 늘 당당했다.

사람들은 테리에게 물었다.

"여행하면서 가장 좋은 게 뭐니?"

이럴 때마다 테리는 한결같이 같은 대답을 했다.

"새로운 친구를 만나는 것이죠."

대체 친구란 뭘까. 나이를 먹어 중년이 된 우리는 친구들도 하나 둘씩 줄어들고 시간이 흐를수록 좋은 친구 한둘이면 족하다는 생각을 한다. 친구라는 것은 서로 마음을 나눠야 그 관계가 오래도록, 혹은 한결같이 유지되는 것인데 세월이 흐를수록 각자의 삶에 연연해 오래된 친구들과 소원해진다. 그러다 보면 멀어지고 더 시간이 흐르면 영영 잃게 되는 경우도 있다. 그러니 아주 가까이에서 서로 관계를 유지하려고 노력하지 않으면 친구도 점점 줄어들 수밖에 없고 좋은 친구 하나, 둘로 만족할 수밖에 없다.

그러나 아직 십대인 테리는 수없이 새로운 친구를 만나고 헤어지고 다음에 다시 만날 것을 기약하는 식의 '친구 만들기'가 여행에서 가장 좋은 점이라고 꼽는다.

좋은 친구 하나 생기는 것. 특히 여행지에서 마음을 나눌 수 있는 좋은 친구 하나를 만나는 것은 행운이다. 특히 나처럼 영어도 안 되고 소통할 수 있는 사람이 한국 사람뿐인 한계가 있는 경우는 더욱 그렇다. 여행 중에 좋은 외국인 친구를 만나 친구처럼 지내는 경우도 종종 있다.

오로빌에서 인도인 맘마가 그랬고 티루에서 오토릭샤 칸난과 친구가 되었고 카주라호에서 사파리 엉클이 내 친구가 되기도 했다. 오다가다 만난 수없이 많은 외국인 친구들이 있지만 영어가 짧은 나로서는 서로 친숙해지는 데 한계가 있었다. 이들은 내게 아무래도 추억 속에나 담고 있어야 할 친구들이다.

하지만 여행 중에 만난 한국인 몇몇은 내게 아주 소중한 사람들이 됐다. 오로빌에서 만난 한들네 가족이 그렇고 티루에서 만난 소나, 바라나시에서 만난 준석과 리나가 그렇다. 이들은 대부분 한국에 돌아와서도 연락을 주고받는 사이가 됐다.

오로빌에서 만난 한들과 바다네는 우리가 인도 여행을 처음 시작할 때 오로빌이라는 낯선 공간에서 우리 가족의 길잡이가 되었던 가족들이다. 이들 내외 덕분에 오로빌을 빨리 이해하고 빨리 적응할 수 있었다. 오로빌에 머무는 동안 테리와의 갈등, 오로빌과의 부대낌 등이 있을 때마다 나의 조언자 역할을 해준 한들네는 한국 음식이 그리울 때 김치와 잔치국수로 위안을 주기도 했다.

바라나시에서 만난 리나는 우리 여행의 좋은 본보기가 된 사람이다. 리나는 배낭여행 경험이 많은 사람이었다. 자신보다는 항상 남을 더 배려하고 자신이 불편을 감수하더라도 동행자들 입장에서 행동하는 여행자였다. 나보다 열 살 이상 나이가 어렸지만 순간순간 리나 앞에서 내 행동이 부끄러울 때가 많았다. 테리 역시 리나 언니를 좋아하고 잘 따랐다. 때로는 테리에게 엄격한 언니였고 때로는 테리를 가장 잘 이해하는 친구가 돼주기도 했다. 종종 나를 게스트하우스에 혼자 두고 둘만의 여행을 하고 돌아올 만큼 서로 통하는 구석이 있었다.

티루에서 만난 소나는 티루와 닮은 사람이다. 평온하고 조용하고 조화롭다. 소나를 만나 티루에서의 일상이 윤택해졌다. 소나는 게으른 내게 명상이나 산책과 같은 일상생활의 작은 변화를 시도하는 계기를 주기도 했다. 그동안 살아오면서 전혀 관심 밖이었던 문제들에 대해 관심을 갖게 해주었다. 소나의 영향으로 나는 수행자들의 삶이나 성자들의 인생에 호기심을 갖게 되었다. 이런 변화는 내가 쓰고 싶은 글의 주제도 다양해지고 풍부해지는 데 영향을 주었다. 나의 정신세계를 한 차원 업그레이드시켜준 친구다.

이 글을 쓰게 된 동기도 소나와의 관계가 이어준 어떤 특별한 계기와 무관하지 않다. 인연이란 참 미묘한 상황을 만들어준다. 평생을 살면서 생각하지 않았던 어떤 분야에 대해 한 사람과의 인연으로 새롭게 발을 들여놓게 되는 동기가 되기도 한다.

우리는 우연히 티루라는 도시에 와 살게 됐다. 티루의 실체에 대해 아무것도 모르고 있던 나는 소나를 만나면서부터 티루라는 도시를 이해하게 됐고 라마나 아쉬람과 아루나찰라 산의 신비한 힘들을 경험하기도 했다. 소나는 티루라는 도시와 우리를 연결하는 통로였다. 앞만 보고 달려오듯 숨 가쁘게 살아오고 여행도 그렇게 추진한 내게 잠시 멈춰 나를 돌아보고 진정한 내 모습은 어떤 것일까, 내가 바라는 삶은 어떤 모습일까 조용히 반추할 수 있는 기회를 만들어준 게 바로 소나다.

소나는 자신의 마음을 다스리는 법에 대해 늘 고민하던 사람이었다. 현실에서의 욕구와 욕망을 내려놓고 마음을 비우는 일이나 마음의 평화를 구하고 라마나 마하리쉬가 가르치는 참된 자신을 찾는 일에 관심을 갖기도 했다. 나는 소나 곁을 기웃거리며 어깨너머로 그녀가 추구하는 마음의 평화를 느끼려고 애써보기도 했다. 그녀와 함께 명상을 시도하고 산책을 하며 오랫동안 질기게 품어왔던 욕심을 비우는 일을 시도해보기도 했다. 어떤 것은 너무 쉽게 내려놓게 되고 어떤 것은 버리면 죽을 것 같았던 일도 시간이 흐르면서 마음먹기에 따라 다 내려놓을 수도 있겠구나 하는 생각에 이르기도 했다.

내게 끝내 비우고 싶으면서도 비울 수 없는 것은 딸 테리에 대한

무엇이 우리를 인도로

자꾸만 향하게 했는지

모르겠다.

우리는 그렇게 기차와

로컬버스와 함께 길 떠나기를

반복했다.

집착과 글 쓰는 일이었다. 마치 이것을 다 내려놓으면 나라는 존재를 아주 버리는 것 같았다. 소나와 함께한 티루에서의 생활은 그것이 얼마나 큰 착각이었나를 알게 해주었다. 테리로부터 한걸음 물러나는 일, 글 쓰는 일을 내려놓을 수도 있다는 것. 이것이 내가 마음만 먹으면 가능해질 수 있다는 것을 알았다. 아직은 시도하고 싶지 않은 고집이 남아 있었지만 어느 순간 마음먹기에 따라 나도 가능해질 수 있지 않을까. 그런 희미한 희망을 품게 된 것만도 수확이었다.

여행 중에 만난 한국 친구들과 돌아와서도 좋은 관계를 유지한다는 것은 어려운 일이다. 그러나 한들네나, 리나, 소나는 지금도 내게 좋은 친구로 남아 있다. 인도 여행이 준 값진 선물이다.

인연 1

라마나 마하리쉬 아쉬람 주변에 살고 있는 외국인들의 경우는 오다가다 스쳐 지나가며 서로에 대해 자연스럽게 얼굴을 익히게 된다. 아쉬람 주변으로 난 몇 갈래의 길들이 한정돼 있고 그 길을 오가는 사람들의 하루 일상도 비슷하기 때문이다.

아쉬람에서 명상을 하거나 아루나찰라 산을 올라가거나 슈퍼 앞 노천카페에서 짜이를 마시거나 파파야를 먹는다. 혹은 파루타 식당에서 밥을 먹거나 인터넷 방에 있거나 쇼핑상가에 있거나 슈퍼에 있거나 등등. 이런 곳에서 여러 번 얼굴이 마주치면 눈인사 정도는 하고 지낸다.

한 여인을 스치듯 본 것은 아쉬람에서 우체국 방향으로 난 골목길에서다. 우리가 사는 집이 우체국 골목길에 있었다. 그 골목에는 여느 골목과 같이 인터넷 방, 옷가게, 여행사, 작은 슈퍼, 게스트하우스 등이 이어져 있다. 그 여인은 그 골목 어디쯤의 상가에서 휙 나오거나 휙 들어가곤 했다. 바람처럼 스쳐 지나가버리는 여인이 나도 모르게 궁금해졌다. 얼핏 보아 한국사람 같다는 느낌이 들었기 때문이다.

대부분의 한국사람들은 서로 말을 걸거나 눈인사 정도를 나누며 지내는데 그 여인에게는 말을 걸거나 눈인사를 나눌 틈이 없었다. 뭔지 모르게 휙휙 지나간다는 느낌 때문에 가까이 다가가기가 어려운 사람이라는 정도만 기억된다.

갈색으로 염색한 유난히 긴 곱슬 파마머리와 여행자들이 즐겨 입는 화려한 색상의 알라딘 바지를 입고 다니던 그녀에 대한 잔상이 두고두고 여운으로 남았다. 그만큼 평범하지 않아 보였다. 그녀는 바람 같았다.

이 여인을 이렇게 미리 얘기해놓아야 할 수밖에 없다.

여행을 마치고 한국에 돌아와 시간이 흐른 후 어느 날 이 여인이 우리 집에 와 머물게 되는 기이한 인연이 만들어졌기 때문이다. 이 모든 게 운명이었을까.

비우고 덜어내고 다시 길을 나서

티루라는 도시의 독특한 분위기는 사람을 붙드는 묘한 자석 같은 힘이 있었다. 한번 티루에 발을 들여놓은 사람들은 좀처럼 티루를 떠날 생각을 않는다고 하더니 그 말이 딱 맞았다. 우리 역시 티루라는 도시가 갖고 있는 매력에 함몰되어 떠날 생각을 하지 않았다.

어떤 독일인은 10년 이상 본국으로 돌아가지 않고 있고 어떤 일본 여인은 20년째 살고 있고 어떤 미국인은 이제 막 티루가 좋아져 본국에서의 삶을 정리하고 다시 돌아왔다고 한다. 무엇이 사람들로 하여금 티루에 머물도록 잡아당기는 것일까.

티루라는 도시가 갖고 있는 특별한 기운이 현대인이라면 보편적으로 갖고 있는 현실적인 욕망과 그로 인한 상처를 치유할 수 있다는 믿음과 비로소 자신의 참 모습을 볼 수 있는 힘을 주기 때문이라고들 말했다.

과연 티루에 머문다면 다 버리고 다 비우는 일이 가능할까? 그럴 수 있을까? 참된 자아는 그 헛된 욕망과 아집과 욕심을 다 버리고 새털처럼 가볍게 살라고 사람들을 유혹한다. 그 유혹에 넘어가는 사람들은 결국 이 도시에 남게 된다.

나도 유혹을 받았다. 꼭 5개월을 머물고 나니 비자 만료 날짜가 다가왔지만 그때까지도 티루를 떠나고 싶지 않았다. 어떻게 편법을 써서라도 이곳에 머물 방법이 없을까 고민하고 실제 그 방법을 찾아보려고도 했다. 하지만 좀 무리였다.

비자가 만료되는 것도 모르고 불법체류를 감수하며 티루에 남아 있는 사람들도 많지만 우리는 이런저런 이유를 만들어 티루를 떠나기로 했다. 아무래도 십대인 테리가 지내기에는 너무나 정적인 이 도시가 조금씩 테리를 외롭게 만들었다. 편안함이 테리가 갖고 있는 십대의 열정과는 맞지 않았다. 테리는 역동적으로 움직이길 원했고 활달한 외국인 친구들과 수다도 떨고 싶고 십대만이 누릴 수 있는 반항아다운 시간을 보내고 싶어 했지만 티루는 말 그대로 수행자들의 도시여서 십대 소녀가 머물기에는 지루할 수밖에 없었다. 더 이상 내 욕심만을 앞세워 테리를 이곳에 묶어둘 수가 없었다.

티루를 떠나며 우리가 살던 공간을 정리하는 일이 아득했다. 사용하던 물건을 누군가 필요한 사람에게 전달하고 정리하는 일이 처음 티루에 와서 살림을 장만할 때보다 고단하다는 생각이 들었다. 아마도 뭔가를 처음 시작하는 의욕은 떠나는 마음이 따라잡을 수는 없는 모양이다.

겨우 5개월을 살다가 마무리하는 살림살이가 왜 그리 많은지. 내가 구입한 것도 있고 한국 여행자들에게 물려받은 것도 있었다. 이게 내 어깨에 나 스스로 지운 삶의 무게와 같다는 생각이 들 만큼 짐처럼 부담스러워졌다. 천을 떠다 만든 침구, 김치 담그던 플라스

틱 통, 밥솥, 프라이팬, 냄비, 칼과 도마, 접시, 책상…… 한국에서라면 언제 어디서고 다 필요한 것들이지만 여행자인 우리가 이걸 다 짊어지고 다닐 수는 없는 일이었다.

평생 수행자로 사는 사람들은 등에 맨 보퉁이 하나가 전부라는데 여행자가 된 살림살이들을 이렇게 장만했는지. 살림살이를 이 사람 저 사람에게 나눠주고 나니 우리가 짊어지고 갈 배낭이 단출해졌다. 이 단출한 짐으로도 아무 불편 없이 살 수 있다는 것을 생각하면 한국에서의 우리 살림살이가 얼마나 많은지. 문득 한국에 두고 온 살림살이들이 떠올랐다. 몇 년간 한 번도 사용하지 않은 그릇, 옷, 신발, 가방, 책, 음반 등이 얼마나 많은 공간을 차지하며 세월의 무게에 짓눌려 지내고 있을지. 한국에 돌아가면 제일 먼저 낡은 살림살이들을 정리해야겠다는 생각이 들었다.

티루에서 살며 얻은 게 있다면 그것은 삶도, 마음도, 육신의 무게도 다 단출해져야겠다는 것이다. 비우고 덜어낼수록 더 좋았다. 버리고 갖지 않을수록 더 좋은 것을 경험하는 일이었다.

우리가 사용하던 살림살이들은 대부분 장기 한국 여행자들에게 물려주었고 나머지는 칸난에게 돌아갔다. 칸난은 우리가 맨 처음 티루에 도착했을 때 알게 된 오토릭샤꾼이다. 그는 티루라는 도시가 갖고 있는 여러 장점들을 몸에 지니고 있으며 내게 실천으로 보여주었다. 티루라는 도시의 실체를 알게 해주었고 우리가 아파 병원에 가야 하거나 시장에 갈 때 우리의 발이 돼준 사람이다.

아이가 셋이고 가난한 칸난에게 책상이나 냄비, 프라이팬들은 요긴한 살림살이가 될 것이었다. 그는 다음에 우리가 티루에 다시 오게 되면 그때도 같은 마음으로 우리를 돕겠다는 약속을 했다. 우리는 그 약속을 철석같이 믿는다.

우리는 한밤중에 로컬버스를 타고 타밀나두 주도시인 첸나이 공항으로 향했다. 비자를 다시 받기 위해 이튿날 아침 스리랑카로 가는 비행기를 타기 위해서다. 하룻밤을 달려야 하는 길이 어찌나 허전한지, 창문은 깨져 없고 덜컹거리는 허름한 로컬버스 안으로 밤바람이 사정없이 들어왔다. 추웠다. 우리는 서로 부둥켜안고 어두운 티루의 밤을 하염없이 내다보았다.

문득 생각했다. 우리가 왜 티루에 오게 되었을까, 무엇이 우리를 잡아당겨 머물게 했을까? 한국을 떠나 이곳에 오게 했던 마음의 평화와 고요에 대한 간절한 바람. 그 바람이 5개월이라는 이곳에서의 시간을 우리에게 선물한 것이다.

"언제 다시 와볼 수 있을까……"

밤은 길었다.

스리랑카에서 우여곡절 끝에 6개월의 비자를 받았다. 우리는 다시 첸나이로 돌아와 인도 여행을 시작했다. 그 후 우리의 여행은 오로빌이나 티루에서처럼 한 곳에 장기간 머물지는 못했다. 하지만 여전히 카주라호, 바라나시, 맥클로드간지 등에서는 한 달 이상씩 머물기도 했고 델리에서는 3개월, 고아, 캘커타, 마날리 등에서는 3주 이상씩 머물기도 했다. 그 외에도 함피, 뭄바이, 아우랑가바드 등을 거쳐 티베트 망명정부가 있는 북인도 다람살라까지 이동하며 때로는 한 번 간 곳이 아쉬워 세 번을 들르기도 했다. 중간에 다시 비자를 받기 위해 태국에 갔다 한 달 반을 머물다 다시 인도로 돌아왔다.

인도에 오기 위해 6개월의 비자를 네 번에 걸쳐 받았다. 무엇이 이렇게 우리를 인도로 자꾸만 향하게 했는지 모르겠다. 수없이 가방을 싸고 짐을 풀고 다시 길을 떠나며 우리가 아프지 않고 여행을 계속할 수 있게 된 일이나, 폭탄테러와 같은 위기를 만나서도 두려움이 우리의 발목을 잡지 않았다는 점이 감사할 뿐이었다. 우리는 그렇게 기차와 로컬버스와 함께 길 떠나기를 반복했다.

여행, 낯선 삶 속에 나를 던지는……

인도 여행의 가치에 대해 생각해보았다. 어떤 저울로 산정할 수 있을까? 없다.

여행 중 한국의 한 지인이 메일을 통해 내 여행에 대해 평생 일용할 양식을 마련할 것이라 했다. 과연 그럴까? 현실 도피자마냥 변화 없는 권태로운 일상에서 벗어나 좀 다르게 살아보고 싶어 떠난 길이 일생의 일용할 양식이 되리라고는 기대하지 않았다.

그런데, 여행을 마치고 돌아와 지금 지난 여행이 내게 어떤 의미가 될까 생각해본다.

아무것도 하지 않고 게스트하우스에서 망상에 빠져보거나, 마냥 숲속을 걸으며 지는 노을을 보거나, 비를 맞으며 거리를 걷다 허름한 찻집에 앉아 이국적인 음악을 듣거나, 낯선 거리를 여기저기 배회하며 지독한 외로움에 빠져보거나, 말은 잘 통하지 않지만 마음으로 현지인들과 정을 나누고, 플라스틱 페트병에 무로 물김치를 만들어 먹고, 부침개를 만들어 사귄 친구에게 먹여보고, 그 친구와 헤어져야 하는 이별의 아픔을 느껴보고, 미친 개에 물리거나 빈대에 물리거나, 한국 여행자를 만나 하루 종일 수다를 떨어보는 일들. 동행자도 없이 시장을 두리번거리고 거리를 배회하며 하염없이 걷는 일. 카페에 앉아 마땅히 보낼 곳도 없는 엽서를 쓰는 일. 영겁의 시간이 정지되어 내가 그곳으로 가 있는 듯한 수많은 유적지에서의 시간들. 그런 시간들로 가득 찬 하염없는 나날들이 흐르고 흐르던 여행이었다.

이런 것은 여기저기 급하게 이동하는 바쁜 여행자들이 누려볼 수 없는 것들이다. 어떤 상황, 어떤 사람이 우리를 기다리고 있을지, 나는 어떤 모습으로 그들에게 내 손을 내밀어줄지, 다 예측할 수 없었고 궁금했다. 특히 인도 여행이 다른 곳에 비해 매력을 끈 것은 지역마다 다른 문화, 다른 사람, 다른 언어, 다른 풍속을 접할 수 있어 가는 곳이 모두 새롭고 낯설다는 점이다.

이렇듯 여행이란 낯선 사람들의 삶 속에 내 의식과 내 몸을 던져 넣는 일이다. 여행이란 미처 예기치 못한 상황과 맞닥뜨리고 그것과 더불어 살아가게 하는 일이다. 이로써 내 의식이, 내 몸이 깨어지게(깨어 있게) 되는 일이다.

여행을 시작하기 아주 오래전부터, 아니 어린 시절부터 늘 낯선 곳에 있기를 갈구했고 꿈꿔왔다. 인도 여행으로 그 갈급을 해소했다. 언젠가 다시 또 낯선 곳을 향해 길을 떠날 것이다. 그곳은 한국일 수도 있고 먼 남미의 나라 쿠바일 수도 있다.

여행만으로 내 인생이 완전히 달라진 것은 아니다. 하지만 변화를 찾아 과감하게 현실의 나를 내던져버릴 수 있었고, 그 힘으로 나는 인생의 고비에 찾아온 나른한 일상의 권태와 미래에 대한 불안과 두려움을 극복할 수 있었다.

인도 여행을 계기로 터득한 것은 낯선 곳은 내가 일상을 사는 지금 이곳일 수도 있다는 것이다. 어느 곳에서나 낯선 곳에 있는 것처럼 일상을 즐기는 일이 실제 낯선 곳에 머무는 일보다 더 중요하다는 것을 알게 됐다. 일상생활에서도 마치 낯선 곳에 있는 것처럼, 늘 깨어 있는 모습으로 살아가는 것이 가능해졌다.

버리면 죽을 것 같았던 많은 욕망들을 다 비우지는 못했지만, 그 욕망을 스스로 통제할 수 있는 무언가가 내 안에 만들어졌고 때로 낯설음이 절실해질 때 어느 곳이든 가 낯설게 닿을 수 있다는 것. 인도 여행에서 얻은 가장 가치 있는 일들이다.

2.
삶은 늘
어긋나게
마련이다

삶은 늘
어긋나게 마련이다

2년 3개월 만에 돌아온 일상

2년 3개월이라는 시간이 하염없이 흘렀다. 수십 년의 생애를 놓고 보면 아주 짧은 기간이었지만 지난 시간을 어떤 말로 표현할 수 있을까. 격정의 날들, 열정의 시간, 자유와 평화, 외로움과 고독…… 이 모든 단어를 다 뭉뚱그려볼 수 있겠지만 중요한 것은 내 생애에 다시는 맛볼 수 없는 날들이었다는 것이다.

그렇게 뜻 깊은 시간을 보냈지만 여행이 끝나고 돌아왔을 때 우리는 뜻하지 않은 문제들에 부딪혔다. 여행에서 많은 걸 얻어 왔지만 한국의 현실은 그런 것들과는 너무나 동떨어져 있었다. 여행지에서 맘껏 누렸던 자유와 평화, 외로움과 고독이라는 단어를 되새겨볼 여유도 없이 그동안 방치했던 삶의 문제가 한꺼번에 엄습해 왔다. 모든 걸 다 버리고 내려놓고 떠났다 빈손으로 돌아왔으니 현실로 복귀하기 위해서 다시 새롭게 채워야 했다. 우리가 몸담고 살아야 할 집도 마련해야 했고 먹고살기 위한 직장도 얻어야 했다.

여행지에서처럼 몇 푼의 돈으로 게스트하우스 구하듯 하루아침에 집이 구해지지 않았다. 기다림이 필요했고 만만찮은 경제적 부담을 안게 되는 일이었다. 직장을 찾는 일 역시 마찬가지였다. 모두 시간을 두고 해결해야 할 일이었지만 여행지에서처럼 여유롭지 않았다. 인도와 한국의 시간이 가는 속도감은 확연히 달랐다. 인도에서는 아무것도 하지 않아도 시간이 너무나 잘 갔고 한국에서는 아무것도 하지 않으면 시간이 결코 가지 않았다.

한 가지씩 현실적인 문제들이 해결되면서 한국에서의 시간도 빠르게 움직이기 시작했다. 가족들과 지인들의 도움으로 옛 고향마을에 작은 집도 구할 수 있었고 글 쓰는 재주가 밥벌이가 되는 직장도 다시 얻었다. 종종 이런 일들이 진행되는 과정에서 내 능력보다는 다른 어떤 힘이 삶을 돕고 있다는 생각이 들었다. 큰 노력 들이지 않고 원하는 일이 이루어지고 있는 기분이었다.

햇살이 좋은 5월 인도에서 돌아온 지 두 달 만에 우리가 살 집으로 이사를 했다. 지은 지 2년밖에 안 된 아파트여서 특별히 청소할 것도 없이 깨끗했다. 먼저 살던 주인이 두고 간 베란다 버티컬과 현관 번호키가 요긴했다. 이것도 특별한 행운이지 싶은 생각이 들 정도로 모든 게 감사했다.

오래전 부모님과 함께 살던 고향마을은 보건단지 조성으로 국가에 땅을 내줘야 했다. 고향사람들은 뿔뿔이 흩어졌다. 엄마는 고향집과 가까운 곳에 새로이 집을 짓고 살고 계시지만 고향마을을 잃었다는 상실감으로 새로운 터전에서의 일상이 그리 평안하지는 않았다. 고향을 잃은 다른 많은 사람들이 모두 비슷한 처지였다. 나 역시 한동안 고향을 잃은 상실감에 허허로운 가슴을 쓸어내리며 살아야 했다. 시간이 흐르면서 옛 고향의 모습은 상상조차 해볼 수 없을 만큼 잊혀져가고 그 고향 자리에는 매일매일 빌딩들이 새롭게 들어섰다.

새롭게 둥지를 튼 아파트가 고향땅의 논과 밭, 집터와 산을 밀어 세운 건물이었다. 그런데 신기하게도 아파트 주소가 오래전 고향 집 주소와 번지수가 같았다. 엘리베이터 입구에 붙여놓은 집주소를 보는 순간 비록 겉모습은 달라졌지만 오래전 내 집으로 다시 돌아온 것 같은 묘한 안도감이 느껴졌다.

집이 생기면서 모든 게 인도 여행 이전의 일상으로 돌아왔다. 달라진 게 있다면 이 소박한 일상이 소중해졌다는 것이다. 아침이면 출근할 수 있는 일터가 소중했고 일을 마치고 돌아와 쉴 수 있는 공간이 소중했다. 한국에 처음 돌아왔을 때의 막막함이 어느새 과거가 돼버리고 하루하루의 일상을 새롭게 살아가기 시작했다.

자신만의 공간이 생기자 테리도 한결 편안해진 마음으로 고교 졸업 검정고시를 준비했다. 학원에 가지 않고 인터넷 강의를 들으면서 혼자 공부하는 테리의 집중력과 이해력에 찬사를 보내고 싶을 만큼 테리는 짧은 시간에 고등학교 과정을 스스로 해결해가고 있었다. 때로 힘겨워하며 맑은 날과 흐린 날을 반복했지만 책상 위 벽에 붙여놓은 '이 또한 지나가리라'를 좌우명 삼아 자신의 꿈을 향해 앞으로 나아가며 견디고 있었다.

이러한 일상 속에서 시간이 흐를수록 우리는 한국적 현실 특유의 긴장감을 느끼기 시작했다. 테리는 그동안 관심 밖이었던 공부를 하느라 늘 긴장해야 했고 나는 직장에서 매일 한 꼭지의 사설을 쓰는 일에 중압감을 느꼈다. 조금만 긴장을 늦추면 모든 걸 자포자기해야 하는 상황이 생길 수도 있을 만큼 우리는 인도 이전의 날들보다 더욱 치열하게 현실에 달려들지 않으면 안 되는 상황이었다.

현실에 대한 긴장감은 테리가 훨씬 심했다. 큰 내색은 하지 않았지만 인도에서의 자유로웠던 생활 방식을 바꿔 일상에 복귀해 적응하는 데 힘겨워했다. 나의 2년 3개월과 테리의 2년 3개월은 하늘과 땅 차이만큼이나 다른 것이었다. 내게는 생애 중 짧은 기간이었지만 테리에게는 사춘기라는 가장 명민한 시기의 2년 3개월이 생애 전부일 수도 있는 나날이었다. 테리가 힘겨운 것은 당연한 일이었다.

내게 인도 여행으로 충전된 에너지가 한국에서의 각박한 현실을 새롭게 살아가는 원동력이 되었다면 테리에게는 힘겨운 현실에 적응하기 위해 고통을 감내해야 하는 일상의 무게였다. 전혀 상반된 시간을 견뎌야 하는 날들이 이어졌다.

새로운 가족, 스펀지

우리들만의 공간이 생기자 테리는 제일 먼저 강아지를 사달라고 요구했다. 강아지를 키우는 것은 테리의 오랜 꿈이었다. 테리는 어린 시절부터 늘 강아지를 키우고 싶어 했고 몇 번 키운 적도 있었다. 하지만 매번 끝까지 키우지 못하고 중간에 남들에게 주곤 했다. 이유는 테리가 강아지를 관리하기에는 아직 어렸고 대소변 가리는 일에 실패해서다.

테리는 혼자 자라는 아이들의 전형적인 외로움이 유난히 강했다. 그것이 강아지나 다른 동물에 대한 애착으로 나타났다. 인도 여행 중에도 테리는 동물을 만나면 사랑스러워 어쩔 줄 몰라 했다. 길에서 강아지를 만나면 한참씩 놀곤 했다. 특히 바라나시 샨티 식당 주인 남자가 키우는 로시오는 두고두고 잊지 못했다. 털이 많이 빠졌고 덩치가 큰 달마시안 강아지를 보기 위해 매일 샨티 식당에 갈 정도였다. 테리는 입버릇처럼 한국에 돌아가면 첫 번째 할 일로 강아지를 키우겠다는 목표를 세울 만큼 강아지에 대한 욕구가 강했다.

우리는 강아지 무료 분양 인터넷 사이트를 알게 됐고 그 사이트에서 푸들 품종인 초콜릿색 강아지를 맡아 키워줄 사람을 찾는다는 소식을 접했다. 푸들은 우리가 원했던 품종이었다. 비염이 있는 나로서는 털이 빠지지 않는 품종을 원했고 그것이 푸들이라는 주변의 조언을 들은 적이 있다.

사이트에 올라 있는 푸들은 9개월 된 것으로 주인이 갑자기 미국에 가게 돼 데려다 키워줄 사람을 찾고 있는 중이었다. 사진으로 보기에도 초콜릿색의 털을 가져 이름이 초코인 푸들이 너무나 마음에 들었다.

우리는 이 강아지를 우리가 꼭 키울 수 있게 되기를 간절히 바라면서 늦은 밤에 주인에게 문자를 보냈다. 이튿날 바로 연락이 왔다. 주인과 통화를 해보니 주인이 초코를 무척 사랑하며 키웠다는 것을 알 수 있었다. 그렇게 사랑으로 키운 강아지를 우리에게 준다는 게 얼마나 힘들까 생각하며 우리 역시 사랑으로 강아지를 잘 키우겠다는 약속을 하고 강아지를 데리러 갔다.

6월 초 평택의 한 대학에서 초코 아빠와 만났다. 처음 보는 사람이었지만 강아지를 얼마나 소중하게 생각하는지 알 수 있었다. 초코는 생각보다 늘씬하고 컸다. 작고 앙증맞은 푸들을 상상했는데 길쭉하게 큰 사냥개 스타일이어서 깜짝 놀랐다. 작은 아파트에서 키우는 게 가능할까 우려됐지만 주인을 떨어지지 않으려는 초코의 안간힘을 보며 어떻게 해서든 우리 가족으로 만들어가는 게 중요하겠다 싶었다.

초코를 집으로 데려오자 테리는 탄성을 질렀다. 테리가 늘 큰 강아지를 원했는데, 달마시안 품종과 같은 큰 개는 집 안에서 키울 수 없다는 것이 테리는 불만이었다. 그러나 초코 정도면 충분히 테리의 마음을 사로잡고도 남았다. 테리는 우선 이름부터 바꾸고 싶어 했다. 초코 대신 스펀지라는 새 이름을 붙여줬다.

주인이 바뀐 스펀지는 첫날은 밥도 안 먹고 현관에서 끙끙거리며 잠을 잤다. 그러다 이튿날부터는 주인이 바뀐 것을 알아차린 것 같았다. 우리 품으로 달려들었고 펀지라고 부르는 소리에도 익숙해지기 시작했다. 이제 대소변 가리기 훈련을 할 차례였다.

늘 하던 방법으로 화장실에 대소변을 두고 익숙해지도록 했지만 종종 여기저기에 대소변을 싸기 일쑤였다. 그러다 어느 날인가부터 칭찬하는 것과 혼내는 것을 구분하면서 대소변을 가리기 시작했다.

지금까지 여러 번 강아지를 키워봤지만 스펀지처럼 똑똑하게 대소변을 쉽게 가리는 강아지를 우리는 경험하지 못했다. 이래저래 펀지는 가족이 되었고 우리의 사랑을 독차지하는 아들이 되었다. 나는 자연스럽게 우리 아들이라고 불렀다. 테리는 펀지 없으면 못 살 것 같다고 말할 만큼 스펀지의 존재가 중요해졌다.

펀지는 테리에게 친구이고 형제이고 의지의 대상이었다. 혼자 공부하면서 외롭고 힘들 때마다 스펀지와 산책하고 같이 놀아주는 시간이 테리가 스트레스를 해소할 수 있는 방법이기도 했다. 스펀지가 그렇게 우리 가족이 되었다.

테리의 방

자유를 맘껏 즐겼던 테리가 방에 꼬박 앉아 공부에 집중하는 것을 보면 대견했다. 뭐든 마음먹기 달렸다는 말처럼 마음 제대로 먹고 자신의 꿈을 위해 노력하는 테리가 좋아 보였다.

그럼에도 테리는 자신의 다양한 욕구를 해소하기 위해 분주했다. 매일 방 안을 어떻게 꾸밀 것인지 고민했다. 하루는 여행지에서 찍은 사진을 벽에 가득 붙여보았다가 다른 날은 침대 시트 색깔을 바꿔달라고 성화였다.

테리는 자기 세계가 분명한 철든 십대인 듯하면서도 어느 날은 멋 부리는 일에 사활을 건 아이처럼 거울만 보고 있을 때도 있다. 그림 그리기를 좋아하는 테리는 네일아트에도 관심이 많았다. 자신의 손톱 색깔에 늘 변화를 주는 일이 중요했고 산책을 나가면서도 옷을 갖춰 입어야 했다.

테리의 방을 들여다보면 전형적인 십대 소녀의 방이다. 좋아하는 연예인 사진과 자신의 어린 시절 사진, 자신이 그린 그림들을 인테리어 감각을 가미해 전시하듯 붙여놓았고 화장대 위에는 올망졸망한 무수한 화장 관련 소품들이 한 가득이다. 네일아트를 위한 1,000원짜리 매니큐어가 20개가 넘을 정도다. 어쩌다 시장에 가 2,000원에 세 개 하는 매니큐어를 보면 사지 않고 못 배길 정도로 네일아트에 관심이 많다.

"대체 이게 다 뭐니?" 하고 물으면 "나는 멋을 부릴 줄 아는 여자야"라고 대답하곤 한다.

테리는 멋 부리는 일을 좋아하고 스스로 멋을 아는 여자라고 자처한다.

"여자? 아직 여자라고 하기에는 이르지 않아?"

"여자가 아니라니? 엄마는 무슨 큰일 날 소리를! 옛날 같으면 시집가 애도 낳았을 나이라며?"

"그건 그렇지."

이런 식의 대화는 늘 있는 일이다. 사실 테리는 학교를 안 다녀서인지 옷을 입는 것이나 멋을 부리는 일이 또래보다는 조금 앞서 있는 편이다. 테리가 옷을 차려 입고 나서면 또래보다 나이를 더 본다. 하지만 목소리나 내게 하는 짓은 아직 어린 십대가 분명하다.

이런 테리에게 나는 불만이 한 가지 있다. 형제 없이 자라 그런지 제 물건, 저 혼자만의 방과 같은 사적인 소유물을 타인이 터치하는 것을 싫어한다. 사춘기 소녀라서 그런가 하고 이해하고 넘어갈 때도 있지만 별거 아닌 것 가지고 '네 것, 내 것'을 가릴 때는 엄마인 나는 불편하다. 노크 없이 테리 방 문을 연다든가, 방에 있는 테리 물건을 말없이 가져다 사용한다든가 하면 꼭 화를 낸다.

그럴 때마다 나는 엄마로서의 고유 권한을 내세워 집 안에 있는 모든 물건은 엄마도 공유할 수 있다고 주장하지만 테리는 그런 개념을 이해하려 들지 않는다. 그런 것에 분명한 선을 긋고 양해를 구하거나 허락을 맡아 사용해달라고 청하곤 한다.

서로 옥신각신할 때는 '그러 마' 하고 넘어가는데 테리의 물건을 가져다 사용해야 할 일이 생기면 테리와 한 약속을 까마득하게 잊어버린다. 그러면 테리와 옥신각신하다 결국 같은 약속을 다시 하고 만다.

"더럽고 치사하지만 앞으로는 얘기하고 사용할게."

"나는 엄마의 자식이지 소유물이 아니거든. 내 사소한 프라이버시를 존중해줬으면 좋겠어. 내 물건 허락 맡고 사용해달라는 게 뭐가 치사해?"

"알았어. 존중해줄게."

그 존중이라는 말만 나오면 기가 죽는다. 사실 존중이라는 단어에 대해 진정성이 담겨야 한다는 것을 알면서도 테리의 요구를 건성으로 들을 때가 많다. 테리의 요구를 아무것도 아닌 것으로 여기는 습성이 있다. 테리는 나의 그런 점을 이미 간파하고 있다.

우리가 종종 옥신각신하는 문제들은 그런 종류의 것들이다.

테리는 그렇게 성숙해갔고 자신만의 방을 만들어갔다.

혼자만의 세계로……

8월 중순 테리가 검정고시 시험에 좋은 성적으로 합격했다. 혼자 인터넷을 이용해 집중적으로 공부한 결과가 잘 나타나 성취감도 느껴지는 모양이다. 테리를 믿고 있어 예상했던 일이지만 한 가지 일이 잘 마무리되어 홀가분했다.

다음은 대학 입학을 위한 수능 준비를 해야 했다. 날은 너무 더웠고, 몇 달 간 혼자 공부하느라 진을 뺀 테리는 좀 쉬고 싶었는지 나의 조급한 마음과 달리 한 템포 여유를 부렸다. 그 여유가 생각보다 길어지면서 나는 조금씩 불안해지기 시작했다.

테리는 대학 진학 준비를 1년 늦추겠다고 했다. 인도 기행을 그림으로 그려 책으로 내는 일, 토플 성적 115점 이상, 스페인어 델레 시험 A2 등급 합격 등을 해놓은 후에 수능을 준비하겠다는 것이다. 하지만 나는 테리의 의견을 수용하지 않았다. 포기하지 말고 끝까지 최선을 다해보자는 쪽으로 몰고 갔다. 시도해보지도 않고 미리부터 내년으로 미루는 것이 빡빡한 현실을 사는 우리에게 사치처럼 느껴졌기 때문이다.

나 스스로 명분은 있었다. 집안의 경제를 책임지고 있지만 한 달 일하고 받는 급여로는 테리를 뒷바라지하기에도 벅찼다. 테리가 대학을 졸업할 때까지 모든 경제적인 책임을 지기로 마음먹고 있었고 그 책임을 빨리 마무리하고 싶었다. 빠듯한 월급과 몇 년의 시간이 부담이었던 나는 테리의 입시 문제를 빨리 해결하고 싶었다. 시간을 끈다는 것은 그만큼의 경제비용이 추가되는 것이어서 테리에게 시간적인 여유를 줄 수가 없었다. 뭐든 다 올해 안에 매듭짓기를 바랐다. 테리가 그런 집안의 현실을 인지해주기를 바랐다.

그래서 검정고시 끝나자마자 수능 관련 EBS 교재를 과목별로 사다 주고 검정고시와 같은 방법으로 인터넷을 통해 공부할 것을 권했다. 대입전형 방법에 대해 제대로 파악하지 못하고 있던 터라 누구나 다 수능을 봐야 하는 줄 알고 있었다. 순서가 뒤바뀌었다. 먼저 목표하는 대학의 전형 요강을 확인한 후에 거기에 맞춰 준비해야 했지만 무조건 수능을 준비해야 한다는 쪽으로 몰아간 것이다. 그만큼 한국의 입시제도에 대한 사전 정보가 부족했다.

테리 역시 복잡하고 다양한 대학입학 전형을 정확하게 알지 못하고 있던 상태에서 수능 준비를 권유하는 엄마의 말을 듣지 않을 수도 없고, 하자니 너무 막막한 모양이었다. 말로는 하겠다고 하면서 내가 출근하고 나면 시간을 어떻게 활용해야 할지 몰라 갈피를 잡지 못했다. 이때부터 테리는 나 모르는 마음의 몸살을 앓기 시작했다.

"집 안에만 있는 것이 답답해. 살찌는 것도 싫고. 수영장에 다니고 싶어."

"버스 타고 수영장 갔다 오려면 한나절은 걸려. 수능이 코앞인데 시간 절약해야지. 스펀지랑 달리기를 하든지, 줄넘기를 해."

"스펀지랑은 달릴 수 없어. 애가 보조를 못 맞춘단 말이야."

나는 시간이 많이 소요되는 수영을 허락하지 않았고 테리는 달리기나 줄넘기를 규칙적으로 하지 못했다. 그러면서도 테리가 앓기 시작한 몸살의 심각성을 깨닫지 못했다. 테리의 무한한 능력만을 지나치게 믿고 내가 생각한 방향으로 테리를 더욱 압박하기 시작했다. '너는 다 할 수 있어……'라고 하면서.

서로 각자 뭔가 조금씩 어긋나기 시작했다. 조금 시간이 지나면 테리가 당연히 따라와줄 것이라고 기대했지만 테리는 점점 더 다른 방향으로 향했다. 겉으로는 '알았어' 하며 속으로는 자포자기하고 있는 것 같았다. 그런 분위기를 알아차렸지만 모르는 척했다. 곧 좋아지겠지 하는 마음으로 기다렸다.

하염없이 시간이 흐르고 마음은 점점 초조해졌다. 테리는 하루하루 시간만 보내고 있었고 검정고시 준비 때만큼 집중하지 못했다. 이를 지켜보면서 때로는 달래고 때로는 어르며 화도 내고 짜증도 냈다. 나의 이런 태도에 대처하는 테리도 어느 날은 수긍하다 어느 날은 맞서 화를 내곤 했다. 이 빈도수가 잦아지면서 테리는 압박감에 시달리는 것 같았다.

일주일에 한 번 토플학원 가는 날은 밝았다가 다시 집 안에만 있는 날은 어두워졌다를 반복했다. 테리는 시간이 지날수록 혼자 공부하고 혼자 이겨내야 하는 자신의 현실을 답답해했다. 공부나 그림 그리는 일들이 즐거운 것 같지 않았고 시간이 있다고 해서 그 시간을 효율적으로 활용하지 못했다. 테리는 점점 깊은 수렁에 빠지듯 혼자만의 세계에 빠져들었다. 외로워했고 우울해했다.

그럴 때마다 다이어트와 치아 교정 이야기가 불거져 나왔다. 다이어트는 테리가 한국에 온 이래 갑자기 체중이 늘면서 화두가 되었다. 음식 조절과 운동을 해야겠다고 말을 하지만 의지가 부족해서 실천이 되지 않았다. 인도에서보다 체중이 늘기 시작했고 체중이 늘 때마다 테리는 스스로 견디기 힘들어했다. 내가 도울 수 있는 방법이 없었다. 식단을 짜서 한동안 실행해보기도 했지만 그것도 잠시뿐이었다. 몸무게가 늘어난 만큼 무기력함이 더해졌다.

다이어트가 뜻대로 실행되지 않을 때마다 다이어트를 핑계대고 내게 짜증을 부렸다. 엄마로서 큰 도움이 되지는 않았지만 마음만이라도 편안하게 해줘야겠다는 생각으로 테리의 말을 들어주고 함께 노력해보자고 부드럽게 타일렀다.

테리는 어느 날은 잘 받아들이다가 어느 날은 더 큰 화를 내며 스스로를 울타리에 가두듯이 대화를 외면했다. 친구들은 모두 학교에 가고 없으니 친구를 만나 해소할 길도 없고 테리는 점점 외톨이가 돼가고 있었다. 조금만 더 견디자고 위로와 격려를 했지만 테리에게 통하지 않았다. 그런 날이 반복되었다.

삶은 늘 어긋나게 마련일까

 테리가 여름내 그렇게 힘겨워했는데도 나는 수능 원서를 접수하고 말았다. 아이의 상태보다는 내 욕심을 내려놓을 수 없어 덜컥 수수료를 지불하고 원서를 썼다. 테리는 그 후 더 중압감에 시달렸고 공부는 여전히 하지 않았다.

 나도 고집을 부렸다. 테리가 그렇게 하기 싫어하는데 억지로 끌고 가려는 심보가 무엇이었는지. 생각해보면 지나친 욕심이었다. 남들은 몇 년을 준비해 시험을 치르는데 불과 서너 달 만에, 그것도 독학으로 공부해 수능시험을 볼 수 있다는 생각을 한 것이 얼마나 어이없는 기적을 바란 것인지 그때는 인식하지 못했다. 어떻게 해서든지 영어 토플 점수 따는 일과 스페인어 공인성적 합격도 계획대로 해야 했고 수능도 봐야 했다.

 적어도 학습적인 면에서 테리가 가지고 있는 잠재적인 능력을 지나치게 과신하고 있었던 것도 이유다. 테리가 뭐든 마음만 먹으면 다 할 수 있다는 것을 보아왔고 이번에도 그럴 수 있을 것이라고 믿었다.

 테리는 초등학교 시절 절반을 학교에 가지 않았다. 특히 중학교 학습에 절대적인 영향을 미친다는 5학년과 6학년 과정을 학습하지 않았다. 초등학교에서 수학 과목이나 국어 과목을 제대로 학습하지 않은 상태에서 중학교에 올라갔지만 중위권 성적이 나오는 것을 보았고 특히 영어 같은 경우는 우월한 편이었다. 검정고시를 독학으로 고득점을 내자 수능도 얼마든지 해낼 수 있다고 믿었다.

영어와 스페인어를 유창하게 습득하는 과정도 달랐다. 같은 또래의 아이들이 영어학원에 가거나 국제학교나 해외 영어 연수 등을 다녀왔지만 테리는 혼자 영어 영화를 보거나 영어책을 읽으며 이해하는 식의 공부를 했다. 그게 테리와 맞았고 효과도 컸다. 덕분에 저비용으로 외국어를 익힌 셈이다.

테리의 공부하는 과정을 지켜보면서 한번 마음먹으면 독하게 공부한다는 것도 알고 있었다. 무엇보다 테리는 혼자 공부하는 습관이 잘돼 있어 남들보다 집중력이나 이해력, 능률 면에서 앞서 있다고 믿었다. 뭐든 마음만 먹으면 다 할 수 있는 아이. 그렇게 믿고 있었기에 수능시험도 끝까지 포기하지 않고 마음만 먹어주기를 바랐던 것이다.

말은 열심히 하겠다고 했지만 약속은 지켜지지 않았다. 마음처럼 몸과 생각이 따라주지 않는 것 같았다. 기분이 좀 나아질 때는 해야겠다는 말을 하면서 기분이 가라앉을 때는 '내가 왜 해야 되지?' 하며 내게 반발하듯 묻곤 했다.

"왜 해야 하기는? 네가 대학 가기를 원하기 때문이지. 뭔가 원하는 것을 이루기 위해서는 하기 싫은 과정을 견뎌내야 하는 거야. 대한민국의 수험생들이 다 너와 같은 과정을 겪고 있어. 우리는 가정형편도 어려우니 올해 안에 결정이 났으면 좋겠다."

이 선에서 나는 한 발도 물러서지 않았다.

우리는 서로 다른 평행선 위에서 다른 방향을 보고 있었다. 그렇다고 테리에게 심하게 공부를 닦달하지도 못했고 마냥 모르는 척 지켜봐주지도 못하는 어정쩡한 상태로 있었다. 단지 그래 '올해 하지 말고 내년에 하자'라는 말만 하지 않았다.

한국에 돌아온 지 불과 6개월도 안 됐는데 나는 앞으로 얼마 동안 내가 경제 활동을 더 해야 하는지 그 계산을 하고 있었다. 올해 안에 뭐든 다 끝내려는 시간에 대한 강박증이 버려지지 않았다. 내가 하는 일이 아니고 테리가 해야 할 일이었음에도 내가 테리의 일을 결정한 것이나 다름없었다. 버려지지 않는 내 욕심의 끝을 향해 마냥 내달렸고 테리는 점점 힘겨워했다.

스펀지를 길들이다

아직 만 한 살이 되지 않은 스펀지는 이빨이 나느라 잇몸이 가려운지 무엇이든 물어뜯었다. 현관에 있는 신발이 일순위였다. 테리가 가장 아끼는 러닝용 운동화를 씹어놓았을 때의 일이다. 테리는 화가 나 어쩔 줄을 몰라 했다. 스펀지 혼내는 장면을 옆에서 지켜보는데 저렇게 혼내도 될까 싶을 만큼, 눈물이 질금 나왔다. 그만 혼내라고 말리면 더 심하게 야단을 쳤다.

그런 일이 한 번으로 끝나지 않았다. 스펀지는 기회가 있을 때마다 뭔가를 물어뜯었다. 전기장판 코드를 물어 잘라놓았고 가죽 벨트, 가죽가방, 전기다리미 코드 등을 물어 못쓰게 해놓았고 틈만 나면 쓰레기통을 뒤져 엎어놓았다. 뭔가를 물어뜯는 것도 문제였지만 대소변을 잘 가리면서도 가끔씩 요 위에나 침대, 소파 등에 오줌을 싸곤 한다.

이불을 자주 빨아야 하고 소파와 방석을 매일 닦아야 했다.

스펀지가 실수를 할 때마다 테리는 인정사정 보지 않고 야단을 쳤다. 그러다 서로 장난치고 놀 때는 세상에 둘도 없는 사이처럼 사랑스럽게 놀았다.

종종 테리가 스펀지를 야단칠 때 좀 심하다는 생각을 하고 테리에게 항변을 한다. 그럴 때마다 테리는 "누군가 한 사람은 무섭게 해야 스펀지가 말을 잘 듣는 거야. 엄마처럼 대충 넘어가니까 애가 버릇이 나빠지잖아. 펀지도 우리 가족의 서열을 정해놓고 있다는 거 알아?"라고 내 말에 반박한다.

오히려 나 때문에 펀지의 통제가 더 어렵다는 테리의 말을 들어보면 아이를 키우는 일이나 강아지를 키우는 일이 비슷하다. 테리가 펀지에게 하는 행동을 보면서 나는 테리에게 그렇게 하지 못한 것이 오히려 테리를 심약하게 키우지 않았나 하는 생각을 하게 된다.

나는 테리를 지나치게 강약 조절 없이 자유분방하게 키웠다. 테리가 스펀지 길들이는 방법을 보면 테리의 단호함이 부러울 때가 있다. 테리는 이미 나의 우유부단함이나 자유로움이 질서를 만들어가는 일에는 별 도움이 되지 않는다는 것을 알고 있었다.

편지에게 우리 서열은 분명하게 가려졌다. 테리가 일순위고 그 다음이 나다. 편지에게 테리는 무서운 존재다. 언젠가부터 편지는 대소변도 분명하게 가리기 시작했고 갖고 놀기는 해도 뭔가를 물어뜯는 일도 줄어들었다. 아직도 휴지나 먹을 것이 입에 닿으면 건드려도 이제 집 안의 가전제품이나 신발은 절대 물어뜯지 않는다. 시간이 흐르면서 테리가 내게 불만을 표시하곤 하던 그 우유부단함이 오히려 편지를 헷갈리게 했다는 것을 깨달았다.

테리의 말대로 편지는 유치원생이라도 되는 것처럼 우리의 말귀를 너무나 잘 알아들었다. 혼내는 것과 칭찬하는 일, '산책하러 가자', '반성해', '누나, 어디 있어?' '일어나', '앉아' 등의 단어를 알아들었다.

'산책하러 가자'고 하면 편지는 목줄을 찾아 현관 앞에서 날뛰고 좋아한다. '반성해'라고 말하면 책상 밑에 깔아놓은 스펀지 방석에 가 몸을 잔뜩 웅크리고 엎드린다. '누나, 어디 있니?' 하면 사방을 두리번거리며 누나를 찾느라 이방 저방 정신없이 찾아 나선다. 그럴 때마다 테리는 편지가 찾지 못할 만한 곳을 골라 숨느라고 또 정신이 없다. 이런 놀이가 매일 이뤄지고 테리와 스펀지는 주인과 강아지라는 확고한 서열 위에서 친구이고 동지고 형제였다.

시간이 흐를수록 테리에게는 오직 스펀지만 있는 듯했다.

마음의 끈을 놓아버리다

언젠가부터 테리가 스펀지에게 화를 낼 때나 나와 말다툼을 할 때 목소리가 높아지기 시작했다. 심하면 문을 탁 닫고 들어가거나 뭔가를 집어 던지기도 했다. 자신의 앞날에 대해 갈피를 잡지 못하는 것 같았고 그 투정을 드러내놓고 부리기 시작했다. 그러다 목소리가 높아지면 편지는 저를 혼내는 줄 알고 알아서 어딘가 숨을 곳을 찾곤 했다.

그러던 테리가 "죽고 싶어"라고 말했다.

"왜?"

"살고 싶은 의욕이 없으니까. 내 꿈을 이룰 수 있을 것이라는 보장도 없고, 미래에 대한 희망도 없어."

"미래에 대한 희망은 자신이 만들어가는 거야. 대한민국의 수험생들은 누구나 다 같아. 이 시간이 지나가면 고요해질 거야. 조금만 견디면 돼. 사람은 자기 목표를 위해서는 하기 싫은 것도 하면서 살아야 하는 거야. 견뎌봐."

"매일 틀에 박힌 얘기지."

"그래. 어쩔 수 없어. 너는 지금 고3 수험생보다 더 좋은 조건이잖아. 2년 넘게 여행하며 실컷 놀았잖아. 놀다 온 만큼 남보다 더 긴장하고 몇 배 더 열심히 해야지. 웬 엄살이 그렇게 심해."

이런 대화가 매일 반복됐다. 논리적으로는 내 말이 맞았지만 테리는 인도에서 돌아오기 전 마음먹었던 것을 실행하기가 쉽지 않은 모양이다. 자신이 어떤 일을 하며 살고 싶은지 꿈은 분명해졌지만 그 꿈을 위해 무엇을 어떻게 노력해야 하는지 길을 잃어버린 것 같았다.

제일 힘겨워하는 부분은 집 안에서 혼자 지내야 한다는 사실이었다. 학교를 다니며 친구들과 함께해야 할 때 혼자 자신과 싸워가며 공부에만 몰두해야 한다는 사실이 감당하기 어려운 것 같았다. 그걸 알지만 테리 편에 서 줄 수만은 없었다. 테리가 즐기며 보낸 시간만큼 남은 시간들은 테리 스스로 극복해야 할 문제라고 생각했다. 나는 나대로 직장생활이 분주해지면서 테리에게 냉정해질 수밖에 없었다. 스펀지가 유일한 친구였지만 테리가 극도로 우울할 때는 스펀지도 도움이 되지 않는 것 같았다.

테리가 힘들다고 하소연하는 일들은 가슴이 답답하고 불안하다는 것, 침대에 누우면 어디선가 벌레가 다가오는 것 같아 무섭다는 것이다. 자고 일어나면 또 하루가 가는 힘겨움이 반복된 나날이었다.

테리에게는 공통의 화제를 가지고 대화를 나눌 친구가 필요했다. 페이스북이나 카카오톡과 같은 온라인상으로 만나는 친구만으로는 외로움과 우울함이 해소되지 않았다. 외출할 기회를 만들고 싶어도 외출할 수 있는 날은 한정돼 있었다. 한국에 있는 테리의 친구들은 모두 학교에 다니고 있고 대입 때문에 시간을 낼 수 없으니 테리는 점점 세상에서 소외되고 있다고 생각했다.

이렇게 힘겹게 보내다가 어쩌다 영화를 보거나 영어 수업 때문에 서울의 학원에 다녀오는 날은 날개를 단 아이처럼 밝은 원래의 모습으로 돌아왔다. 외출하기 싫어하면서도 일단 일이 있어 나가면 아무 일도 없는 아이처럼 밝았다.

어느 순간부터 테리는 마음을 놓아버렸다. 그런 테리를 두고 출근하는 발걸음이 무거웠지만 달리 방법이 없었다. 미래에 대한 꿈 하나만으로는 현재의 외로움을 이겨낼 무기가 되지 못했다. 테리는 나날이 무기력해졌고 그런 자신을 들여다보며 절망하고 그 절망감을 퇴근해 돌아온 내게 쏟아붓곤 했다.

우리는 한 몸과 같았다. 테리가 무기력해지면 나도 무기력해지고 테리가 밝아지면 나도 밝아졌다. 그런 테리를 바라보며 이러지도 저러지도 못한 채 전전긍긍하는 날들이 이어졌다.

이보다 더 슬플 수는 없어

시간은 계속 흐르고 있었다. 무더운 여름도 지나가 초가을로 접어들었다. 날씨는 제법 선선해졌지만 모든 것이 나아지기는커녕 뭔가 잘해보려고 시도하면 더욱 깊은 수렁에 빠지는 것 같았다.

테리는 저녁에 퇴근해서 돌아오는 나를 괴롭히기 시작했다. 집

안에만 주로 머물면서 스펀지와 산책하는 것이 전부인 테리는 인도에 있을 때보다 3킬로그램 정도가 쪘다. 몸무게가 늘어나자 몸이 비대해지고 답답해지면서 불어난 체중에 대해 스스로에게 짜증을 부렸다.

결국 다이어트를 한다며 음식을 조절하기 시작했다. 하지만 오히려 음식을 절제하는 일이 더 큰 스트레스를 유발하는 것 같았다. 낮 동안 절제하고 참았다가 내가 퇴근해 돌아오면 욕구가 폭발하는 것이다. 매일 저녁마다 먹고 싶은 음식을 찾았다. 치킨이나 피자 등을 간절히 원하면서도 그것을 먹으면 살찐다고 울부짖었다. 우리는 이러지도 저러지도 못하며 실랑이하다 자정을 넘기기도 했다.

어쩌다 마음을 편안하게 가라앉히고 치킨을 주문해 먹고 나면 테리는 이튿날 영락없이 후회하며 자책했다. 내가 좀 더 적극적으로 다이어트를 돕고 있지 않다며 원망하기도 했다. 집 근처에 있는 대학도서관이나 다른 도서관을 권해도 받아들이지 않았다. 매일 나가야 하는 재수학원을 권해도 싫다고 했다. 주말에 친구를 만나 영화라도 보고 오라고 권하지만 그것도 이루어지지 않았다. 사실 현실적으로 고3인 나이에 주말에 영화를 함께 볼 친구는 없다고 봐야 했다. 나 편하자고 이렇게 저렇게 권하는 것이 결국 형식적인 제스처에 불과했고 실제 테리의 문제를 해결해줄 수 있는 대안은 되지 못했다.

여름부터 수영장에 다니고 싶다던 말을 들어주지 않은 것이 후회되었다. 테리의 외로움이 깊어지는 것을 느끼고 가을로 접어들어서야 수영장 다닐 것을 권했지만 그때는 모든 것을 포기한 사람처럼 의욕 없어 했다. 테리는 내 권유를 받아들이지 않았다. 여름에만 해도 테리가 그렇게 심하게 힘들어하는 줄 몰랐고 수영장 다닐 시간에 수능 준비에 더 집중할 것을 원했기 때문이다. 결국 수영장 다닌 시간을 우울한 날들로 채워야 하는 고통을 준 것이나 다름없었다. 시간이 지난 후 내 어리석음을 탓한들 아무 도움이 안 되었다. 돌이킬 수 없는 일이란 이런 거였다.

우리는 점점 엉켜가기 시작했다. 테리가 인도에서 하던 요가를 다시 해보겠다고 해서 요가 학원에 등록해주었다. 일주일 정도 다니고는 싫다고 했다. 공부를 다시 집중해서 해보겠다고 해서 독서실을 끊어주었다. 하루 지난 후 가지 않았다.

스페인어 공인시험일 전날이었다. 서울로 가는 기차표를 예약해놓았는데 테리는 갑자기 밤에 광폭하게 화를 냈다. 실력보다 낮은 수준으로 델레 시험을 지원한 상태여서 얼마든지 합격할 수 있다고 했지만 그것이 상당한 부담이 됐던 모양이다. 아니면 정말 그동안의 외로움이 병이 돼 아무것도 하고 싶지 않은 무기력 상태가 극에 달한 것인지 알 수 없었다. 테리는 스스로를 학대하며 극도의 짜증을 부렸다.

문득 테리 스스로 생각할 수 있는 통로가 막혔다는 생각이 들었다. 정상적으로 자신의 상황을 판단하고 실행할 수 없는 상황이 되었다. 앞이 아득해졌다.

테리 자신도 자신의 상황을 견딜 수 없는 모양이었다. 한밤중에 테리가 신경안정제를 요구하기도 했다. 신경이 극도로 날카로워져 약을 먹고 안정을 찾고 싶어 했다. 한밤중에 나가 한방으로 된 신경안정제를 사다주었다. 약을 먹었다는 것이 위안이 되었던 걸까. 테리는 겨우 새벽에야 잠이 들곤 했다.

이런 일이 몇 차례 반복되자 나는 병원을 생각하지 않을 수 없었다. 결국 병원으로 가는 길밖에 해답이 없는 걸까, 고민하다 이튿날 테리를 설득해 병원을 찾아갔다. 첫날 상담을 했는데 의사와 상담한 테리는 기분이 좋아진 것 같았다. 의사는 입시를 앞둔 수험생의 불안을 충분히 이해하는 듯했고 고3 수험생들이 흔히 겪는 스트레스 증후군이라며 테리에게도 부드럽게 대해주었다. 테리의 심리 상태를 알아볼 수 있는 설문지를 받아 며칠 후 다시 오기로 하고 예약을 해놓았다. 병원을 나선 테리도 의사가 편안하다고 말했고 치료에 대해 긍정적이었다.

며칠 후 병원에 가는 날이 되었다. 테리는 가지 않겠다고 했다. 하는 수 없이 설문지에 답해놓은 것을 들고 혼자 의사를 찾아갔다. 의사는 첫날과 달라 보였다. 자신과의 약속을 지키지 않은 테리에 대해 화가 난 듯했고 대뜸 강제로라도 병원에 입원시키라는 말을 했다. 나는 있을 수 없는 일이라고 생각했고 병원과 의사에 대한 신뢰가 한순간에 무너졌다.

병원에 입원시킨다고 문제가 해결될 것 같지는 않았다. 테리가 해야 하는 여러 가지 힘겨운 과제들을 다 내려놓으면 한순간에 편안해질 수 있겠지만 그렇다고 무조건 포기하는 것도 능사가 아니라는 생각이 들었다. 어떻게 해서든 빠른 시간 내에 테리를 정상적으로 돌려놓고 하던 공부를 계속시킬 생각뿐이었다. 나마저 우울하고 슬펐다.

"엄마의 말은 종종 송곳이었어"

"엄마의 말은 종종 송곳이었어."

"엄마들은 누구나 다 같아."

"세상 엄마들이 다 같을지 몰라도 그건 내가 상관할 바 아니고. 엄마의 말이 가끔 나를 찌른다는 거야. 그래서 가슴이 아플 때가 있어."

"어떻게? 나의 어떤 말들이 너를 아프게 하는데?"

"나를 무시하거나 내 말을 못 들은 척할 때."

"나는 그런 적이 없는 거 같은데, 네가 그렇게 느끼는 게 아냐?"

"엄마의 오랜 습관이지. 자신도 모르게 하는 습관. 엄마는 언젠가부터 내 말을 귀담아 듣지 않았어. 내가 하는 중요한 얘기든 별

거 아닌 얘기든. 내 말에 집중하지 않는 엄마가 싫어."

"내가 항상 그러니? 엄마도 엄마 나름 다른 생각을 하고 있을 때 네가 말을 걸면 귀찮은 게 사실이야. 그러니 나도 모르게 듣는 둥 마는 둥 하는 거지."

"예전에는 안 그랬어. 언젠가부터 엄마가 늘 다른 생각을 하고 있는 사람 같아. 그런 엄마를 보면서 나도 화가 쌓여. 그리고 얘기하고 싶지 않을 때는 다음에 얘기하자는 한마디만 하면 될 것을 엄마는 그런 얘기도 없이 그냥 무시해버리잖아."

어느 날 테리는 내게 이렇게 불만을 표현했다. 이전에도 테리는 이런 얘기를 가끔 했지만 나는 괜한 트집을 잡는다며 듣는 둥 마는 둥 하고 넘기곤 했다.

테리에 의하면 테리가 초등학교 고학년이 되었을 때부터라고 한다. 그때부터 내가 테리 말에 귀 기울이지 않고 늘 다른 생각을 하고 있었고 테리의 가슴을 찌르는 말을 했다고 한다.

그 시절을 돌이켜 보았다. 테리가 초등학교 3학년 때 갑자기 학교에 가지 않겠다고 했다. 그 일을 시작으로 나는 내 삶이 엉키기 시작했다고 생각했다. 소설에 대한 욕심으로 직장을 그만두고 소설 쓰는 일에 전념하겠다고 마음먹었는데, 테리가 걸림돌이 된다고 여겨졌다. 학교에 가지 않는 테리는 하루 종일 내 차지가 됐고 그런 테리를 돌보는 일이 힘겨웠다. 이후 테리 문제뿐 아니라 경제적인 어려움과 같은 안 좋은 일들이 겹쳐서 일어나 내 삶이 더 엉

클어지기 시작했다.

 그때부터였을까? 내가 테리의 말에 귀 기울이지 않고 무시하듯 건성으로 들으며 테리를 무의식적으로 괴롭혔던 것이. 내 고통을 누군가에게 뒤집어씌우지 않으면 견딜 수 없는 날들 가운데, 테리가 있었던 것을 그때는 의식하지 못했다.

 테리에게 나의 존재는 어떤 의미일까? 혹은 내게 테리의 존재는 어떤 의미인가 종종 생각해본다.

 언젠가 테리가 학교를 가지 않기 시작한 즈음, 나는 가톨릭 수도회에서 진행하는 심야기도회에 가본 적이 있다. 평상시 성당에도 열심히 다니지 않던 내가 어떻게 해서든 테리가 학교에 잘 다니게 하도록 하기 위해, 여기저기 상담기관을 찾아다니던 중 꽃동네 수사신부님들과 대화할 수 있는 시간을 갖게 된 것이다.

 그때 수사님이 이런 이야기를 했다.

 "어머니 입장에서 딸을 사랑하지 말고 딸아이 입장에서 진심을 다해 사랑하세요."

 처음 들었을 때는 이 말을 이해할 수 없었다. '세상에 나 같은 엄마가 어디 있다고? 내가 얼마나 테리를 사랑하는데. 나처럼 민주적이고 합리적으로 딸을 키우는 엄마가 어디 있을까.' 나는 늘 이런 생각에 자신만만해 있었다.

 몇 년이 흘러 인도 여행을 계획하면서도 그 생각은 늘 변함이 없었다. 그러면서도 그때 수사님의 말씀이 가슴 한쪽에 새겨져 떠나지 않았다. 궁금했기 때문이다. 대체 나의 어떤 모습이 진심으로 테리를 사랑하지 않는 것일까.

나는 늘 진심을 다해 사랑한다고 생각했다. 그것이 상대를 위한 게 아니고 나 자신을 위한 사랑이었다는 것을 깨닫지 못했고 그 의문이 늘 가슴에 남아 있었다.

테리와 함께한 인도 여행 중에 그것을 조금씩 알게 됐다. 그렇게 스스로에게 끊임없이 묻고 있으면서도 해답을 찾지 못한 이유가 나의 오만함 때문이라는 것도 인식하기 시작했다. 겨우 그 원인을 알게 됐지만 수십 년 깊이 쌓여 있던 오만함이 한순간에 없어지지는 않았다. 진심을 다해, 사력을 다해, 상대방의 입장에서도 사랑이라고 느낄 수 있는 그런 사랑을 테리에게 주지 못하고 있다는 것을 알기 시작했고 어떻게 해야 테리를 진심으로 사랑하는 것인지 알게 됐지만 오래된 습관이 고쳐지지 않았다.

인도 여행 중에는 그걸 깨달을 수 있었다는 걸 그나마 다행이라고 여겼다. 그러나 한국에 돌아와 한국의 현실에 맞추어 다시 앞만 보고 달리기 시작했다. 나보다는 테리의 인생을 그렇게 몰아갔다. 외롭고 힘들어하는 테리에게 인도 여행이라는 값진 선물을 주었으니 이만큼은 해야 되지 않느냐고 몰아세우고 있는 셈이었다.

퇴근해 돌아오면 테리는 자신의 상황과 엄마의 현실 사이에서 갈등하다 자신의 고통을 간간이 드러낸 것이다. 하지만 그 고통을 진심을 다해 귀담아 듣지 않았고 그 고통의 근원을 해결할 의지가 없었다. 내 기분과 내가 세운 계획만 중요했다. 우리는 계속 어긋날 수밖에 없었다.

"테리가 힘들어해요"

테리는 종종 가슴이 답답하고 아프다는 호소를 했다. 특히 밤이 깊도록 깊은 잠이 들지 않는다고 괴로워했다. 나는 이것도 다 마음에서 온 것이려니 하고 무심하게 흘려버리곤 했는데 하루는 테리가 절박하게 말했다.

"엄마, 나 정말 여기가 아파. 가슴도 아프고 무섭고 잠을 못 자 죽을 지경이야. 엄마는 왜 아무런 조치를 취해주지 않는 거야? 내가 꾀병이라도 부리는 것 같아?"

테리 나이의 아이들에게는 육체적인 질병이 있을 수 없다고 생각했다. 단순한 스트레스로 인한 것이라 생각하고 테리가 호소하는 고통이 진짜 고통이 아니라는 것을 당사자가 확인하는 것도 중요하다 싶은 생각에 병원에 가기로 했다.

병원에서 갑상선 검사, 가슴 엑스레이 검사, 간 기능 검사를 했지만 아무 이상이 없었다. 다음에는 한방병원으로 가보았다. 한방병원에서 테리의 몸 상태를 체크한 한의사 선생님이 테리의 심리적인 상태나 몸 상태를 정확하게 짚어주었다.

"밤에 숙면을 취하지 못하는군. 가슴이 답답하고 아프겠어. 혈액순환도 안 돼 몸이 냉한 상태고. 이렇게 되면 두통도 있을 텐데? 소화 장애가 당연히 따라오지. 위도 늘 더부룩하고 아프겠어. 온통 문제투성이구만. 하지만 이 모든 문제는 정신적인 스트레스가 동기 유발을 한 셈이지. 장과 두뇌는 늘 같이 간다고 봐야 해. 장이 편안하면 두뇌도 편안하게 돌아가지. 운동 부족과 혈액순환 장애로 장 운동이 원활하지 않으니 늘 짜증스럽고 머리도 아프고 안 돌아가는 거야. 그러니 공부는 어떻게 하겠어? 규칙적인 운동과 적당한 양의 음식 섭취. 과식이나 밀가루 음식, 커피는 안 되고. 현재로서는 규칙적인 운동이 가장 빠른 방법이야."

스트레스를 심하게 받는 것은 사실이었다. 그로 인해 육체적인 질병이 따라서 올 수 있다는 얘기를 듣자 당황스러웠고 테리에게 미안했다.

병원에서 아무 문제 없다고 진단을 받은 것에 비해 한방병원에 가니 십대 소녀가 가질 수 없는 안 좋은 질병을 다 갖고 있다고 했다. 한의사는 위장 기능을 강화해주고 마음을 편안하게 해줄 수 있는 약을 처방해주었다. 여기에 규칙적인 운동과 수면, 저자극성 식사 등을 권장했다.

테리에게 제일 중요한 것은 땀을 뺄 수 있는 강렬한 유산소 운동이었다. 햇빛을 보면서 운동하는 일이 테리의 상태를 호전시킬 수 있는 유일한 방법이라는 것이다.

종종 스펀지와 산책을 하지만 그것은 강렬한 운동이 안 돼 별 도움이 되지 않았다. 여름에 수영장 다니는 일을 반대한 게 또 후회됐다.

한 달분의 한약을 먹는 동안 한의사의 말을 지킨 것이 별로 없었다. 한의사 선생님이 해결 방법을 제시해준 셈이지만 규칙적으로 지키지 못했다. 테리는 혼자 나가 운동하는 일이 습관화되지 않았고 공원에서 혼자 운동하는 것이 쑥스러워 싫다고 했다. 내가 퇴근하고 돌아와 함께 운동을 해주기를 원했지만 고단하다는 핑계로 귀찮아하며 차일피일 미루곤 했다. 그러니 한약을 먹은 효과도 없이 테리는 나아지지 않았다.

"선배님, 테리가 힘들어해요. 제가 어떻게 해줄 방법을 찾지 못하고 있네요."
"그 녀석, 엄마 엄청 힘들게 하네. 우리가 할 수 있는 게 뭐가 있겠니. 하느님께 맡기는 수밖에. 기도하자. 주님, 테리의 머리끝부터 발끝까지, 테리의 영혼에서 육신까지, 주님의 보혈로 뿌리고 바르고 덮습니다. 주님, 테리는 주님의 자식입니다. 주님께서 돌봐주시고…… 주님께 의탁하나이다."
회사에서 퇴근하고 돌아오는 길에 절박한 마음으로 신앙심 깊은 선배에게 전화를 걸어 이 같은 상황을 하소연하면 선배는 전화기 저편에서 나와 테리를 위해 기도해주곤 했다. 그럴 때마다 나는 엄청 큰 위안을 받았다. 선배의 기도를 받고 집에 들어가면 나 스스로도 차분해져 테리가 아무리 예민하게 굴어도 내가 참게 되고 그런 날은 테리도 한결 부드럽게 하루를 마무리하곤 했다.

사람은 얼마나 어리석은 망각의 동물인지. 하루 편안해지면 바로 전날의 고통을 잊어버리게 된다. 마음을 비우고 하느님께 모든 것을 의탁하라는 선배의 조언도 잠시뿐이었다. 나는 다시 테리가 할 일을 주문하고 테리는 다시 버거워하는 같은 일상이 반복되었다. 선배와 함께 한 기도의 힘을 수시로 느끼면서도 어느새 그것을 잊어버렸다. 신께 모든 것을 의탁하고 마음을 비우라는 충고가 마음 깊은 곳에서 받아들여지지 않았다.

어느 날부터인가 테리에게 뭔가 근본적인 문제가 있지 않을까 하는 의문이 들기 시작했다. 제대로 실천하지는 않았지만 한방병원에서 알려준 방법도 치유를 위한 결정적인 방법은 아니라는 생각이 들었다. 갑상선이나 간, 위 등 어디에 결정적인 병이 있는 것도 아니고 수능에 대한 스트레스가 전부도 아니고, 그게 내 문제인지 테리의 문제인지 구분하기 전에 나는 먼저 테리에게 특별한 문제가 있을 것이라는 쪽으로 몰고 갔다.

내 욕심의 끝

완연한 가을로 접어들었지만 테리는 나아지지 않았다. 스페인어 공인인증 시험도 치르지 않아 이미 지불한 시험 비용를 버리게 됐지만 그 정도의 손실은 손실로 느껴지지도 않았다. 소 잃고 외양간 고치는 격이었지만 결국 수능시험 치르는 것도 이미 마음을 접은 상태였다. 상황에 떠밀려 자포자기한 셈이다.

그러나 정작 테리는 수능시험을 며칠 앞두고도 포기가 안 되는 모양이었다. 공부는 하지 않으면서 시험은 보러 가겠다고 했다. 무슨 논리인지 모르지만 저 하고 싶은 대로 하라는 쪽으로 두었다.

그때서야 겨우 대학의 입시전형들을 살펴보았다. 입학전형제도가 너무 많고 복잡해 내가 알고 있던 것과 다 달랐다. 입시전형이 학교마다 다르고 학교 내에서도 수십 가지의 전형 방법이 있어 기함을 할 지경이었다. 인도에서 돌아와 막연하게 알고 있던 입시제도가 전부가 아니었다. 테리가 고등학교를 다니지 않았으니 대한민국의 입학시험제도가 어떻게 달라졌는지 깊이 알려고 하지 않는 이상 알 수가 없었던 것이다. 정보에 둔감하고 안일했고 대입제도를 너무 쉽게 보았다.

수능시험이 한 달도 남지 않았을 때 언어영역시험만 좋은 등급을 받으면 대학에 진학할 수 있다는 것도 알게 됐다. 학과에 따라 필요한 과목의 등급만 충족시키면 특별전형 방법이나 입학사정관

전형에 원서를 넣어볼 수도 있었다. 테리의 경우 처음부터 전 과목을 다 공부하지 않아도 되는 것이었다. 그런 상황을 왜 이제야 알았을까. 참 한심한 모녀였다.

영어는 당연히 1등급을 예상했고 국어과목만 어느 정도 성적이 나오면 좋은 대학은 아니어도 대학 진학이 아주 물 건너간 것은 아니라는 생각을 했다. 이때 테리가 국어학원에 다녀보고 싶다고 말했다. 국어학원을 알아보기 위해 몇 곳에 전화 상담을 해보았다. 수능이 한 달도 안 남은 기간이라 학생을 받아주는 곳이 없었다. 결국 지인이 운영하는 국어학원의 원장이 부담스러워하면서도 받아주었다.

국어학원에 두 번 간 뒤 선생님과 전화 통화를 하게 됐다. 뜻밖에도 선생님은 "테리가 참 독특하다. 한 번도 모의시험을 봐보지 않은 아이가 보통아이들보다 문제 해결 능력이 탁월하다. 이틀 동안 와서 풀어본 문제를 거의 다 맞히더라"고 했다.

고등학교 3년 내내 학원에 다녀도 문제 해결 능력이 향상되지 않는 아이들이 많은데 테리를 받아주지 않으려고 했던 선생님은 "한번 해볼 만하다"고 긍정적인 답변을 주었다.

국어 선생님에게 이 말을 듣고는 나는 다시 희망의 끈을 잡았다.

"국어 점수만 잘 나오면 이번에 대학 진학 포기하지 않아도 될 것 같은데. 선생님이 너 문제 잘 푼다고 하더라."

나는 테리를 칭찬해 용기를 살려주고 싶었다.

"그래? 풀 만하던데."

"비결이 뭐니?"

"영어 토플 시험이랑 비슷해. 지문을 읽고 이해하면 되는 거지. 그 지문이라는 게 교과서 밖에서 출제된대. 그러니 재학생들이나 나나 그 지문을 처음 접하는 것은 같은 조건인 거지. 그동안 독서력이 좀 도움이 되는 거겠지."

테리는 그 정도는 아무것도 아닌 것처럼 시크하게 대답했다.

"그래. 시험 볼 때까지 최선을 다해. 혹시 알아? 좋은 점수 받게 될지."

"알았어. 하지만 너무 기대하지 마."

"기대 안 할게."

대답은 그렇게 했지만 나는 다시 올해 안에 대학에 들여보내겠다는 욕심이 꿈틀댔다. 대체 내 욕심의 끝은 어디였을까.

그런데 테리는 국어학원에 두 번 가더니 안 가겠다고 했다. 테리가 제 마음을 조절할 수 없는 모양이었다. 가지 않겠다는 이유도 분명하지 않았다. 막연하게 '가기 싫다'는 것이 전부였다. 심란하고 답답했다. 수능을 보기 직전까지 국어학원에 가지 않는 것이 원망스러워 몇 차례 실랑이를 벌였다. 묘하게도 테리는 내가 욕심을 드러내면 더욱 깊이 자신을 내던져버리는 것 같았다.

그런 와중에 수능 전날 예비소집에 간 것이나 수능시험을 본 것은 이해할 수 없는 일이다. 예비소집에 가서는 중학교 때 친구들을 만났다며 좋아했다. 마치 그 순간은 그동안 아무 문제 없이 수능을 준비한 고3학생 같았다. 이튿날 수능시험도 보고 왔다. 모의고사도 한번 쳐보지 않은 테리가 수능시험을 보고 온 것이다. 결과가 어떻든 시험이 끝났다는 것이 테리에게 위안이 되었을까.

점수를 맞춰보니 예상했던 대로 국어와 영어는 좋은 점수를 받았다. 그렇지만 테리의 마음은 여전히 나아지지 않았다. 수능에 대한 스트레스가 테리의 마음을 힘들게 한 전부가 아니었다는 것을 확인한 셈이다. 수능이 끝나 마음의 짐이 없어지면 테리가 원래의 밝은 모습으로 돌아올 수 있다는 기대를 했지만 테리는 여전히 가슴이 답답하고 아프다는 호소를 했고 주기적으로 짜증과 화를 냈다. 공부를 맘껏 하지 못한 자책이나 후회가 있었던 걸까 하고 나는 상상하곤 했다.

내 힘으로는 어쩔 수 없어

수능도 끝나고 지방 국립대학에 검정고시 점수로 1차 합격했지만 마음에 차지 않는다며 테리는 대학을 1년 미루기로 했다. 나도 이제 대학 문제는 마음을 비운 상태여서 오히려 홀가분했다. 하지만 테리는 여전히 갈피를 잡지 못하고 힘겨워했다. 자신의 일상생활을 어떻게 이끌어나가야 할지 중심을 잡지 못했고 그런 스스로를 못마땅해했다. 테리는 무기력했고 마음은 한없이 나락으로 빠져드는 것 같았다. 누군가와 만나고 싶은 의욕도 없었고 미래에 대한 꿈과 희망을 채워나가는 일이 버거워 보였다. 마음이 자주 바뀌었고, 무엇보다 행복하지 않다는 것이 가장 큰 문제였다.

테리가 가장 힘들어하는 것은 밤에 깊은 잠을 자지 못하는 것이었다. 종종 한밤중에 가위 눌린 듯 잠에서 깨 무섭다고 호소할 때가 있었다. 누군가 가슴을 찍어 누르는 것처럼 답답하고 머리도 아프다고 했다. 머리 아플 때 먹는 진통제를 줘보았지만 그때뿐이었다.

고단해서 누우면 바로 잠들어버리는 습관이 있어 잠을 못 자는 테리의 고통을 잘 이해하지 못했다. 나는 잘 자고 있는데 옆에서 깊은 잠을 못 잔다고 호소하면 오히려 짜증을 부리기도 했다. 혹시 낮에 낮잠을 자기 때문에 밤에 잠이 안 오는 것은 아닌지 의심도 했고 낮에 운동이라도 열심히 해서 몸을 고단하게 만들라고 잔소리를 해보기도 했다.

상황에 따라 부드럽게 보듬어주기도 해보고 짜증이나 잔소리로 내 감정을 맘껏 내지르듯 쏟아붙이기도 했다. 엄마로서 해줄 수 있는 것은 곁에 있어주는 것 말고 다른 방법이 없었다.

퇴근하고 집에 들어오면 맨 먼저 테리의 기분을 살폈다. 테리는 자신의 일상생활을 영위할 수 있는 판단과 의지를 잃어버린 아이 같았다. 아르바이트를 하고 싶어 하면서도 선뜻 일자리를 구해 나서지 않았고 친구를 만나고 싶으면서도 친구에게 연락을 시도하지 않았다. 마음은 있으나 몸이 따라주지 않는 것 같았다. 그런 상반된 행동이 스스로를 짜증나게 하고 나를 괴롭히는 것으로 불거져 나왔다.

  음식도 먹고 싶은 것이 있으면 과식을 했고 과식을 하고 나면 소화가 안 돼 속이 불편하니 또 짜증을 내고 하는 식이었다. 한의사 선생님의 말이 해답이었지만 그것을 실천하기는 쉽지 않았다. 그만큼 우리가 독하지 못한 걸까. 아니면 아직 절실하지 않은 걸까. 나조차도 이해가 안 되는 일이어서 혼돈스러웠다.

  내 힘으로 테리를 어떻게 할 수 없다는 생각이 들었다. 보고 싶어 하는 친구를 집으로 데려와줄 수도 없는 문제고 매일 밤 테리를 억지로 잡아끌고 운동장을 뛸 수도 없었다. 여기저기 아르바이트 자리를 알아봐줬지만 테리가 몸을 움직이지 않았다.

  테리가 모든 의욕을 잃어가는 사이 나도 서서히 지쳐갔다. 아무것도 할 수 없었다. 무기력해졌고 마음이 자주 바뀌었고 삶이 불행하다고 생각했다. 테리는 내 앞에 놓인 거대한 절벽 같았다. 내 힘으로는 아무것도 할 수 없었다. 다른 외부적인 도움이 없다면 살 수 없다는 생각이 들었다.

3.
천사를 만나다, 너를 도와줄게

천사를 만나다,
너를 도와줄게

소나에게 생긴 일

불과 한두 달 사이에 우리의 상황은 더욱 악화됐다. 이 난관을 어떻게 헤쳐 나가야 할까 고민스러웠다. 주변 사람들에게 테리의 마음 상태를 말하면 돌아오는 답은 비슷했다. 아이를 학교에 보내지 않고 여행을 데리고 다녔으니 당연히 공부하는 일이 힘들어 그렇겠지라며, 아무 대안 없이 결국 엄마인 나의 잘못으로만 귀결됐다. 틀린 말은 아니지만 내 탓으로 돌린다고 해서 뾰족한 수가 나는 것도 아니었다. 우리 스스로 인도 여행을 선택했던 것처럼 이 문제도 우리 힘으로 극복할 수 있는 방법을 찾아야 했다.

어느 날 소나의 이야기가 떠올랐다. 인도 티루반나말라이에서 알게 된 친구 소나의 가족에게 있었던 일이다.

중년의 나이에 접어든 소나의 어머니는 갱년기 후유증을 남보다 심하게 앓았다. 어느 날부터 몸과 마음이 무기력해지면서 극심한 스트레스를 받았다. 외출도 하기 싫어했고 다니던 교회에도 나가지 않았고 사람들을 만나지 않았다. 음식을 만들거나 청소와 같은 집안일도 하기 싫어했다.

마음의 병은 육체적인 병을 동반했다. 정형외과 쪽으로 신체적인 문제도 불거졌다. 여러 군데 병원에 가보았지만 병은 차도가 없었다. 병원을 데리고 다니며 어머니에게 신경을 써줘야 하는 아버지도 시간이 지날수록 지쳐갔고 소나 역시 집안 살림을 돌보아야 하는 일이 고단했다. 어머니의 고통은 어머니 혼자만의 고통으로 머물지 않았다. 전염병처럼 온 가족에게 전이되어 소나의 가족을 황폐하게 만들었다.

소나는 어머니 같은 마음의 고통을 앓고 있는 사람들에 관한 정보를 책이나 인터넷을 통해 찾아보았다. 세상에는 여러 가지 이유로 마음의 병을 앓는 사람들이 너무 많았다.

치유를 못해 죽음에 이르거나 오랜 시간 병에 시달리며 고통받고 있는 사람들도 있었고, 다행히 치유를 끝내고 평화롭게 살아가는 사람들도 많았다.

이들의 이야기를 접하면서 급속도로 변해가는 현대 자본주의 사회에서 스트레스나 다른 여러 가지 이유로 마음의 병을 앓는 일이 누구에게나 있을 수 있다는 것을 알게 됐다. 소나 가족에게만 닥친 일이 아니라는 것이 위안이 되었다. 몸과 마음이 지쳐가던 무렵 어떻게 해서든 치료 방법을 찾아야겠다는 의지가 생겼다.

소나는 누구에게든 도움을 청해야 했다. 도움을 줄 수 있는 주변의 모든 사람들을 떠올려보았다. 누가 가족을 도울 수 있을까 고민하다 세 사람을 선택했고 그들에게 동시에 어머니의 상황을 설명하고 도움을 요청하는 메일을 보냈다. 소나가 인도에서 알게 돼 1년 전 여행차 한국을 다녀갔던 쿠마리도 그중 한 사람이었다. 혹시나 했는데 세 사람 중 쿠마리가 마치 기다렸다는 듯이 제일 먼저 답장을 보내왔다.

쿠마리는 소나가 인도 티루반나말라이에 있을 때 만난 여인이다. 우연히 친해져 같이 밥을 먹기도 하면서 많은 대화를 나누던 중 그녀에 대해 호기심을 갖게 되었다. 소나가 인도에서 돌아온 후 둘은 만날 기회가 없었는데, 어느 날 쿠마리가 한국을 방문하면서 소나와 다시 재회하게 됐다. 소나는 아픈 어머니를 돌보느라 마음의 여유가 없었지만 쿠마리가 한국에 일주일 머무는 동안 함께 여행을 하고 타로 점을 치는 등 즐거운 시간을 보냈다. 그 시간 동안 소나는 묘한 마음의 평화를 얻었다. 그녀가 사람을 치유할 수 있는 능력이 있다는 것도 알게 됐다.

쿠마리가 돌아가고 소나는 다시 어머니 돌보는 일에 몰두했다. 그러나 1년의 시간이 흘러도 어머니의 병세가 호전되지 않자 불현듯 쿠마리에게 도움을 청해보자는 생각을 하게 됐다.

소나의 초청을 받아들인 쿠마리가 소나의 집에 머무는 동안 기적 같은 일들이 일어났다. 치료를 시작한 지 20일이 지나 어머니는 마음과 몸이 모두 치유되어 산책을 나가고 사람들을 만나고 음식을 만들었다. 아버지도 함께 좋아졌다. 가족이 모두 엄마가 아프기 이전으로 돌아간 것이다. 집안은 몇 년 만에 다시 평화를 찾았다.

소나 가족의 이야기를 들은 나는 우리 가족이 비슷한 경우가 아닐까 싶은 생각이 들었다. 얼굴을 본 적 없고 말로만 들은 그녀가 괜스레 절실해지는 것을 느꼈다. 소나의 가족이 평화를 되찾았듯이 우리 역시 다시 평화를 찾을 것 같은 막연한 믿음이 생겼다.

소나와 의논 끝에 쿠마리에게 도움을 청하기로 했다.

너를 도와줄게

소나로부터 쿠마리의 메일 주소를 받고 우리 이야기를 써 메일로 보냈다. 메일에는 지난 몇 달 간 힘겨웠던 내용과 당신의 도움이 필요하다는 절박한 심정을 담았다.

하지만 하루, 이틀이 지나도 쿠마리는 내 메일을 열어보지 않았다. 무슨 일이 있는 것일까, 아니면 우리와 인연이 닿지 않는 것일까, 여러 가지 생각을 하며 초조하게 기다렸다.

메일을 보낸 지 일주일이 지나서야 답장이 왔다. 티루에 머물고 있던 쿠마리는 북인도로 여행 중이어서 메일을 확인할 수 없었다며 답장이 늦어 미안하다고 했다. 답장에는 우리를 도울 수 있다며 자신을 신뢰할 수 있겠냐고 물었다. 소나로부터 들은 얘기가 전부지만 나는 막연하게나마 쿠마리에 대한 신뢰가 있던 터라 바로 답장을 보냈다.

"소나로부터 들은 얘기를 전적으로 믿습니다. 당신의 도움이 절실합니다. 당신을 믿겠습니다."

며칠 후 다시 메일이 왔다.

"그렇다면 당신을 돕겠습니다. 하지만 나의 말을 무조건 신뢰하고 잘 따르겠다고 약속해야 합니다. 나와 만날 수 있는 방법은 두 가지입니다. 당신들이 인도로 오거나 내가 한국으로 가는 방법입니다. 두 가지 중에서 선택해서 알려주십시오."

다시 메일을 보냈다. 인도는 다시 갈 수 없기 때문에 쿠마리가 한국에 와주기를 바란다고 했다. 그리고 그녀의 말을 다 받아들이고 따르겠다는 다짐도 했다. 그녀가 무조건적인 신뢰에 대해 이야기할 때 어디서부터 그런 신뢰가 생겨났는지 알 수 없었다. 단지 소나의 얘기만으로 그럴 수 있는 것인지.

메일을 주고받는 과정에서 쿠마리가 12월 중순경 일본을 들렀다 바로 한국에 올 수 있다는 연락이 왔다. 그녀는 일본에 들러 가족들을 만나고 큰딸 유이키와 함께 한국에 오겠다고 했다. 유이키는 테리와 동갑인데 작장생활을 하고 있어 일주일만 한국에 머물다 갈 계획이라고 했다. 그녀는 유이키와의 동행이 테리를 위한 것이라고 했다. 영문을 몰랐지만 약속대로 믿고 기다려보기로 했다.

곧 쿠마리가 올 테고 우리의 치료가 시작될 것이라는 기대가 우기 중에 잠시 내비친 햇살만큼이나 좋았다. 중요한 무엇 하나를 힘겹게 해결하고 난 뒤에 오는 안도감 같은 것이 느껴졌다. 작고 감질나는 것이었지만 오래간만에 느끼는 평화였다.

손님맞이 준비

처음 소나의 이야기를 들었을 때는 치료 비용이 걱정돼서 막막했는데 막상 쿠마리와 메일을 주고받으며 초청을 결정하고 나서는 더 이상 걱정이 되지 않았다. 더군다나 쿠마리의 딸 유이키까지 온다고 하니 두 사람의 비행기 경비가 필요했다.

알 수 없는 일이었다. 어떻게 감당할지, 그런 생각조차 하지 않았다. 어떤 자석에 이끌리듯 자연스럽게 당연히 해야 하는 일처럼 아무 대책도 세우지 않은 채 쿠마리의 초청을 진행했다. 어떤 무모한 용기가 일을 이렇게 만들었는지 어느새 쿠마리가 한국에 오는 일이 기정사실화됐다.

이 모든 일은 상상하지 못한 일이었다. 과연 이런 일이 일어날 수 있는 일일까. 치료를 위해 다른 나라에서 사람이 와야 한다는 것을 아무 거부감 없이 받아들이고 있는 나 자신도 의외였다. 나는 왜 이런 게 이토록 자연스럽게 받아들여지는 것인지, 그것이 문득문득 궁금할 뿐이었다.

쿠마리가 한국에 와서 우리 가족을 치유하게 된다는 사실을 테리도 흔쾌히 받아들였다. 테리도 그녀를 기다렸고 메일을 보낼 때마다 영어 통역을 담당해주었다. 그렇게 우리는 쿠마리에게 다가가고 있었다.

그녀가 한국으로 오기로 한 날이 다가오자 마음이 분주해졌다. 무엇을 어떻게 준비해야 할지. 하루하루 시간을 보내는 중에도 지속적으로 그녀와 메일을 주고받았다. 메일에는 집 안에 안 쓰는 오래된 물건을 버리고 집 안을 늘 청결하게 만들라는 것과 규칙적으로 운동을 열심히 하라는 내용이 써 있었다. 주로 소나의 가족들에게 했던 말과 비슷했다.

대청소를 했다. 베란다 청소를 하고 안 쓰는 물건을 버렸다. 다행히 인도에서 돌아와 이사를 하며 오래전 사용하던 살림살이 중 필요한 것만 가져와 집 안은 그런대로 단출한 편이었다. 오히려 변변한 옷장이 없어 옷 정리가 안 돼 집안이 더 어수선해 보였다.

인도를 여행하던 중에 인도인들의 살림살이가 단출한 것이 늘 부러웠다. 한국에 가면 이렇게 단출하게 해놓고 살아야지 했고 한국에 돌아와 최대한 살림살이를 줄여 이사를 했지만 아직도 버리지 못한 것들이 많았다. 옷장에 옷이 넘쳐났다. 버릴 수도 없는 옷들이 삶의 무게처럼 마음을 짓누르고 있었다. 그러면서도 앞으로 평생 동안 옷은 사 입지 않기로 작정했기에 버리지도 못했다. 이것도 핑계거리가 될지는 모르겠으나 옷만은 쉽게 버려지지 않았다.

가격이 저렴한 옷장을 하나 샀다. 옷장을 사 밖에 나와 있던 옷과 이불을 정리하고 나니 오히려 집 안이 훨씬 정갈해 보였다.

채식주의자라는 쿠마리가 좋아할 만한 밑반찬을 준비했다. 멸치를 사다 엄마에게 볶아 달라고 해서 냉장고에 넣어놓았고 깻잎과 장아찌 같은 한국식 밑반찬도 만들어놓았다. 밥에 넣어 먹을 잡곡도 준비해놓았다. 이불과 침대 커버를 모두 한 번씩 세탁하고 쿠마리가 사용할 방을 미리 정리해 비워놓았다.

우리는 쿠마리가 올 때까지 그녀가 하라는 대로 외출할 때는 집안을 환기시키기 위해 방문을 열어놓기도 했다. 테리가 혼자서는 운동하기 싫어해 저녁에 퇴근해 돌아와 밤에 공원으로 펀지와 함께 산책을 가기도 했다.

이런저런 준비가 돼가고 있는 동안 시간은 다가왔다.

그사이 테리는 이미 대학을 다음해로 미룬 처지여서인지, 아니면 쿠마리가 우리의 기도를 시작한 때문인지는 모르겠지만 조금씩 기분이 나아지고 있는 것 같았다. 그렇지만 여전히 가슴이 답답하고 잠잘 때 무섭다고 호소하는 것은 그대로였다. 특히 뭔가 욕구가 해소되지 않으면 바로바로 화를 내는 것도 달라지지 않았다.

마음을 비우고 쿠마리가 오기만을 기다렸다.

부모와 자식

결혼 후 엄마 가까이에서 살고 있는 게 효가 아니고 불효라는 사실을 이제야 깨닫는다. 될 수 있으면 시집은 멀리 가라는 옛 어른들의 말은 자식을 위해서나 부모를 위해서나 틀린 말이 아니었다.

어찌하다 보니 평생 고향집 언저리를 벗어나지 못하고 살게 됐다. 덕분에 먹는 음식이며 테리를 키우는 일이며 늘 엄마의 손길이 미치지 않은 때가 없었다. 그 엄마 노릇이 얼마나 고단한 일일지 이제 조금 알게 됐지만 아직도 엄마의 영역에서 벗어나지 못하고 있다.

늘 가까이에서 좋은 일이나 궂은일을 함께한 엄마지만 이제는 좋은 모습만 보여드리고 싶은데 그게 뜻대로 되지 않았다. 우리 가족이 쿠마리에게 치료를 받아야 한다는 말을 엄마에게 해야 하는 일이 힘들었다. 하지만 하지 않을 수 없었다. 엄마에게 이해를 받는 것도 중요했지만 아직도 엄마의 도움 없이는 아무것도 할 수 없는 상황이라는 것을 나 자신이 누구보다 잘 알기 때문이다.

내 마음만큼이나 절박하게 테리가 좋아지기를 바라는 엄마로서는 도움이 될 수 있다면 무엇이든지 줄 수 있는 유일한 우리 편이다.

결국 엄마의 주머니를 내가 또 털게 됐다. 다시는 이런 일을 만들지 않겠다고 결심했지만 그 결심은 너무 쉽게 무너졌고 쿠마리가 한국에 오는 데 필요한 모든 경비를 엄마의 도움으로 해결할 수밖에 없었다. 처음에는 부끄럽고 죄송한 마음에 몸 둘 바를 몰랐지만 시간이 흐르면서 우리가 살기 위해서는 어쩔 수 없다는 상황으로 나를 합리화시켜 나갔다.

사랑은 아래로 흐른다는 말을 다시 공감한다. 나는 내 자식을 살리기 위해 기를 쓰고 있고 엄마는 나를 살리기 위해 모든 걸 다 내놓는다. 다른 게 있다면 나는 내 자식을 살리는 일에도 위로부터 도움을 받지 않고는 아무것도 할 수 없다는 것. 그런 무능력함에 치가 떨렸다. 이렇게 뻔뻔스럽게도 살아졌다. 언젠가 세월이 흘러 나도 거꾸로 자식이 아닌 부모에게 받은 것의 만분의 일이라도 갚으며 살 날이 올까.

집 안의 공기를 정화하다

쿠마리와 메일을 주고받으면서 일상생활에서 소홀하게 여겼던 것들이 중요해졌다. 주변을 정화한다는 말은 매일 하는 청소와는 조금 달랐다. 정화한다는 것은 눈에 보이는 집 안 청소를 기본으로 하지만 보이지 않는 나쁜 기운을 정화하는 것이 더 중요하다고 했다. 쿠마리는 집 안의 나쁜 기운을 정화하는 일을 일상화하라고 한다.

매일 청소하고 안 쓰는 물건을 바로바로 버리는 것은 물론이고 창을 열고 집 안을 환기시키라고 조언한다. 그리고 한 단계 더 나아가 수시로 향을 피우거나 선인장 화분을 사다 잘 키우는 것도 집 안의 공기를 정화하는 방법이라고 했다.

향을 피우는 일은 널리 알려진 방법이지만 선인장을 키움으로써 집 안이 정화된다는 것이 특별하게 다가왔다. 나는 작은 허브 화분과 선인장 화분을 사 테리의 책상 위에 놔주었다.

평상시에 집 안에서 화분 관리를 잘 못하는 편이어서 화초를 키우지 못했다. 처음에 의욕적으로 사다 놓았다가 얼마 안 가 죽어 내다 버리기 일쑤였다.

쿠마리에게 선인장을 사다 키우라는 말을 듣고 그동안 나는 왜 화분을 제대로 키우지 못했을까 처음으로 진지하게 고민해보았다. 집 안에서 화초를 잘 키우는 사람들 얘기를 들어보면 화초는 아이를 돌보듯 지극히 정성껏 돌봐야 한다고 했다. 너무 사랑이 많아 물을 많이 줘도 죽고, 게을러 물을 제때 주지 않아도 죽는다. 철이 바뀌면 옷을 갈아 입혀야 하듯 흙을 갈아주고 적당한 거름을 줘야 한다. 이것을 제때 못하면 화초는 어김없이 죽어버린다.

   나는 이런 일이 잘 안 되는 사람이었다. 테리를 키울 때나 강아지를 키울 때나 내게 중요한 일이 있거나 나를 방해하는 것 같으면 바로 남에게 주거나 맡기는 것이 너무 쉬웠다. 세월이 지나고 보니 모든 생명은 그렇게 키우는 것이 아니었다. 나보다 나로 인해 양육되는 생명이 더 중요하다고 생각해야 잘 키울 수 있는 거였다.

   그런데 선인장은 참 키우기 쉬운 식물이다. 선인장은 몸에 가시가 있어 만져볼 수도 없어 통 정이 가지 않는 식물이다. 게다가 다른 식물과 다르게 자라는 속도도 더디다. 그런데 이 선인장은 모래에 심어놓기만 하면 질긴 생명력이 있어 저절로 살아간다. 다른 화초들처럼 애지중이 손을 대 관리하는 것이 오히려 해가 되는 식물이다. 물도 아주 가끔 생각날 때마다 한 차례씩 주면 그만이다.

   나같이 게으른 사람에게는 선인장 같은 화초가 제격이다. 얼마나 잘 키울지 모르지만 일단 출발은 좋았다.

   향을 피우는 것은 스펀지 때문에 자주 할 수가 없었다. 스펀지는 진한 향에 민감하게 반응한다. 짖거나 흥분해 이리저리 날뛴다. 향을 피우고 싶지만 창문을 자주 열어 환기시키거나 선인장으로 만족해야 했다.

그렇게 우리는 쿠마리의 조언을 실천해보려고 조금씩 노력했다.

인연 2

세상은 넓고 사람은 많은데, 인연은 참 묘한 것이다. 그 많고 많은 사람 중에 외국 땅에서 스쳐 지나치며 본 사람을 다시 한국에서, 그것도 우리와 특별한 인연이 되어 다시 만나게 될 줄을 누가 상상이나 할 수 있을까.

쿠마리를 맞이하러 테리와 함께 인천공항으로 갔다. 우리는 공항버스를 타고 공항에 내렸고 공항에는 소나가 이미 와 있었다. 쿠마리를 소개한 사람이 소나이고 쿠마리의 얼굴을 알고 있는 사람이 소나이므로 함께 쿠마리를 마중하기로 한 것이다.

소나는 내게 쿠마리의 외모가 눈에 띄는 스타일이어서 처음에 당황할 수 있다는 언질을 주었다.

"대체 외모가 어떻기에?"

"음, 좀 차림새가 과감해요. 보통사람들은 소화할 수 없는 옷차림이나 헤어스타일."

"그러니까 더 궁금하다."

"외모는 화려하고 특이한데 실제는 일본인 특유의 검소함이 몸에 뺐어요. 그러니까 겉으로 보이는 외모하고 실제 성격은 많이 다르다는 거 알고 있으면 돼요."

"갈수록 궁금하다."

"곧 만날 텐데 뭐."

그렇게 소나가 쿠마리의 외모에 대해 귀띔을 해주었지만 잘 상상이 가지 않았다. 막연하게 궁금증만 더해졌다.

우리는 공항 대합실에서 비행기 도착 시간표를 들여다보며 시간을 재고 있었다.

얼마를 기다렸을까. 쿠마리가 탄 비행기가 도착했다. 설렘 반, 불안한 마음 반. 애매모호한 기분을 넘나들면서 그녀가 출구 밖으로 나올 때를 기다렸다. 출구로 두 여자가 씩씩하게 걸어 나오는 모습이 눈에 띄었다. 옆에서 소나가 먼저 알아보고 웃었다.

"언니, 왔어요."

"어머, 저 사람?"

"맞아."

"나 저 사람 본 적 있어. 인도 티루반나말라이에서. 기억나. 저 머리카락과 화려한 옷이 눈에 확 띄었지. 아, 그때는 한국인인 줄 알았어. 여행을 오래 하고 놀기 좋아하는."

그녀는 바람 같았다. 옷을 파는 상점에서, 어떨 때는 짜이 집에서, 혹은 인터넷 PC방에서 휙 나왔다 다른 상점으로 휙 바람처럼 들어가버리곤 했다. 눈앞에 보이는 듯하다 순식간에 사라져버리곤 했다. 그녀가 한국여자라고 생각한 것은 일본여자 특유의 오종종함을 느낄 수 없었기 때문이다. 당시 티루에는 한국 여행자가 몇명 없었으므로 한번 얼굴을 보면 눈인사는 하고 지내는 게 서로에 대한 관례였는데 그 여인은 얼굴도 마주치지 않고 휙휙 사라져버려 좀 얄밉다고 생각했던 사람이었다.

잠시 궁금해하다 잊어버렸고 우리는 바로 티루를 떠나야 했다. 바람처럼 스쳐갔던 그녀를 기억나게 한 것은 그녀의 머리카락이었다. 그녀는 곱슬곱슬하게 파마해 노랗게 염색한 머리카락을 허리 위까지 길게 늘어뜨리고 있었다. 앞머리 윗부분은 틀어올려 중앙에서 굵은 핀을 꽂았다. 언뜻 봐서는 서양 의류 잡지에나 나올 법한 히피족의 모습이었다. 그리고 인도 여행자들이 즐겨 입는 화려한 색의 알라딘 바지와 그에 어울리는 화려한 상의를 입은 패션 스타일도 눈에 띄었다.

티루반나말라이는 명상, 요가 등을 하며 수행하는 사람들이 오는 곳이어서 대부분 여행자들의 옷차림이 인도의 다른 지역과는 다르다. 화려한 컬러보다는 주로 흰색이나 도드라지지 않는 무채색 계열의 옷을 즐겨 입는데 그녀는 예외였다.

그녀가 우리를 위해 일본에서 오는 쿠마리라니, 너무나 의외였고 놀라웠다.

소나는 우리가 티루에 머물렀던 시점과 쿠마리가 머물렀던 시간이 겹치는 부분이 있기 때문에 당연히 몇 번이고 마주쳤을 것이라고 했다. 그만큼 티루라는 도시는 여행자들이 머물고 있는 거리가 한정돼 있어 같은 나라에서 왔다고 생각한 사람 정도는 얼굴을 익힐 수 있는 동네다.

중요한 것은 시간이 한참 흘렀음에도 내가 그녀를 기억하고 있다는 점이다. 그저 지나치며 몇 번 보았을 뿐인데 그녀의 강한 인상이 나로 하여금 그녀를 기억하게 했고 공항에서 보자마자 금방 알아볼 수 있다는 것이 신비로웠다.

내가 그녀를 만나자마자 제일 먼저 한 말이다.

"당신을 기억합니다. 티루에서 본 기억이 납니다. 당신이었군요."

짧은 영어 실력으로 토막토막 말을 했고 테리가 보충 설명을 해주었다. 그녀와 나의 인연이 단지 소나의 소개로만 이루어진 게 아니라는 사실이 흥분되었다. 우리의 첫 만남은 그렇게 시작되었다.

천사를 만나다

우리는 공항에서 집으로 돌아오기 위해 모두 리무진 버스를 탔다. 쿠마리의 딸 유이키는 엄마를 닮지 않았다. 엄마가 얼굴이 가무잡잡하고 이목구비가 뚜렷한 것에 비해 유이키는 하얗고 작아 앙증맞았다. 전형적인 일본 아가씨였다.

버스를 타고 집으로 돌아오는 길에 이제야 정말 쿠마리를 만났다는 것이 실감되었다. 외모로 봐서는 쿠마리가 우리를 어떻게 변화시킬지 감을 잡을 수 없었다. 과연 저 여인에게 어떤 능력이 있어 우리를 치유해줄 수 있을지 궁금했다.

한 시간 반 거리를 오는 동안 눈을 감았다 떴다를 반복하며 지난 힘겨웠던 시간들이 주마등처럼 스쳐 지나갔다. 이 순간 이전의 모든 것이 부디 과거형으로, 옛 추억으로 남게 되기를 바랐다. 우리에게 전개될 내일은 막연했지만 한편으로 알 수 없는 평화가 밀려왔다. 내 안에 있던 고통을 누군가와 함께 짊어지게 됐다는 생각만으로도 짐을 더는 기분이었다. 그래 맞았다. 꼭 어깨에 짊어진 무거운 짐 하나를 내려놓는 기분이었다.

집에 들어가 밥을 해먹기에는 너무 늦고 분주할 것 같아 저녁을 먹고 들어가기로 했다. 쿠마리보다 유이키가 먹고 싶은 것을 먹어야 할 것 같았다.

"한국음식 아는 게 있니? 뭐 먹고 싶니?"

유이키는 수줍은 듯 "삼겹살"이라고 대답했다. 일본에서도 한국 삼겹살이 인기 있단다.

우리 모두 식당에서 마주 보고 앉았다. 나는 쿠마리에게 당신은 채식주의자인데 어떻게 하냐고 묻자 상관없다고 했다. 쿠마리는 된장찌개와 다른 채소 나물 반찬으로 맛있게 먹었다. 한국이 세 번째 방문인 쿠마리는 한국음식이 대체로 입에 맞는다고 했다.

유이키와 테리는 젊은 아이들답게 잘 먹었다. 우리는 처음 만난 사람들치고는 오래전부터 알고 지내던 사람들처럼 화기애애했다. 말이 능숙하게 잘 소통되는 편은 아니었지만 서로의 마음을 전하는 데는 아무런 문제가 되지 않았다.

저녁을 먹고 곧바로 집으로 왔다. 짐을 풀고 간편한 옷으로 갈아입고 거실에 모여 따뜻한 차를 마셨다. 비행기와 버스를 갈아타며 하루 종일 걸려 일본에서 한국으로 날아온 사람들이지만 많이 피곤해 보이지는 않았다.

차를 마시며 우리는 여러 가지 이야기를 나눴다.

"당신이 우리 가족을 치료해주러 왔지만 당신은 의사도 아니고 그렇다고 스님이나 신부 같은 성직자도 아닌데, 당신을 어떤 사람이라고 생각해야 하는지, 당신을 어떻게 불러야 할지 모르겠습니다."

쿠마리는 명쾌하게 대답해주었다

"나는 신의 뜻에 따라 당신들을 치료해주러 왔으니 천사입니다. 그리고 일본에서는 제자들이 있어 그들이 나를 선생님이라고 부르지만 당신들은 내 제자가 아니기 때문에 그냥 쿠마리라고 자유롭게 부르면 됩니다."

우리에게 쿠마리는 천사였다. 나는 막연한 절대자를 향해 도움을 달라고, 우리를 구원해달라고 간절하게 기도했고 어느 날 쿠마리라는 존재가 천사가 되어 우리 곁에 온 것이다.

그 힘이 어떤 실체인지는 생각하지 않았다. 종교적으로 기독교나 불교, 힌두교나 어떤 존재일지 고민해보지도 않았다. 선배와 기도를 할 때는 하느님을 생각했고 사찰에 가 기도를 할 때는 부처님께 자비를 구했다.

막연했지만 우주의 절대자이신 신께서 우리의 염원을 듣고 내려보낸 천사라고 생각하는 것이 맞는 것 같았다. 우리는 천사와 함께 지내는 아주 특별한 경험을 하기 시작했다.

치유를 받아들임

소나로부터 쿠마리가 치유사로서의 길을 걷게 된 이야기를 대략 들었지만 그래도 궁금한 것들이 남아 있었다. 가장 궁금한 이야기 몇 가지를 물었다.

쿠마리는 피곤했을 텐데도 지친 기색 없이 내가 묻는 말들에 하나하나 대답해주었다.

"당신에게 언제부터 치유의 능력이 있었나요?"

"내게 사람들을 치유할 수 있는 능력이 있다는 것을 알게 된 것은 6, 7년 전입니다. 번화한 쇼핑센터에서 한 노인을 만나게 된 뒤부터죠."

쿠마리는 노인을 만난 이후 달라진 자신의 삶을 조곤조곤 이야기해주었다.

어느 날 그녀는 살던 곳에서 쇼핑센터를 가게 되었다. 왠지 그날 그곳에 가고 싶다는 생각을 자연스럽게 하게 되었다. 물건을 사려고 길에서 기웃거리다가 우연히 한 노인을 만났다. 그 노인이 그녀를 잡고 "너는 사람을 치유하는 힘이 있다. 내가 시키는 대로 해보아라, 그러면 너는 사람들을 치유하게 될 것이다"라고 말했다.

노인은 우주 에너지를 이용해 사람들을 치료하는 사람이라고 했다. 처음 보는 사람이었지만 쿠마리는 거리낌 없이 그를 따라 그의 사무실에 가게 됐다. 노인이 사람들을 치료할 때 사용하던 금으로 된 막대 같은 것을 주고 쿠마리에게 사용하는 방법을 알려주었다. 그 기구를 들고 집으로 돌아오면서 그녀는 속으로 '그 말이 진짜일까? 가족 중에 누가 아프면 실험을 해볼 수 있을 텐데. 혹시 아이들에게 작은 상처라도 난다면 시험해볼 수 있겠는데'라는 생각을 했다.

참 신기한 경험이라고 생각하면서 집에 도착했는데, 공교롭게도 학교 갔던 큰 딸아이 유이키가 손에 상처를 입고 돌아왔다. 그녀는 노인이 하라는 대로 해보았다. 순식간에 상처가 나았다. 믿을 수 없는 일이어서 가족이 아닌 다른 사람이 아팠을 때 치료해보고 싶다는 생각을 했다.

다음 날 친구에게서 전화가 왔다. 그녀의 남편이 일을 하다 전동톱에 다쳐 엄지손톱 아랫부분을 8바늘 꿰맸다고 했다. 그녀는 그 길로 친구의 집으로 달려갔다. 그리고 노인의 가르침대로 치료를 해보았다. 그러자 전날 8바늘 꿰맸다는 친구 남편의 엄지손가락 상처가 모두 아물었다. 오히려 꿰맨 실이 혈관을 막아 상처 회복을 방해한다고 느껴 친구에게 그대로 말해주었다. 그리고 그녀는 친구에게 내일 병원에 다시 가서 꿰맨 실밥을 뽑으라고 부탁했다. 친구의 남편이 병원에 갔더니 의사가 신기한 일이라며 이해할 수 없다고 했다.

이런 일이 있은 후 그녀는 처음으로 자신의 존재를 돌아보게 되었다. 그리고 노인을 다시 만나 이야기를 나누었다.

"나는 이미 오래전부터 사람들의 마음 상태와 신체의 문제들을 느낄 수 있었습니다. 사람들에게 그 말을 할 때도 있었지만 대개 혼자서만 생각했습니다. 사람들은 저를 이해할 수 없다고 생각했고 내가 사람들에게 그 문제를 말해줬을 때 사람들이 나를 이상하게 여길 것이 뻔했기 때문입니다. 나는 누구에게 말도 하지 못하고 내가 이상하다고 계속 혼자만 생각하고 있었던 거죠."

그녀가 이렇게 말하자 노인이 "나는 당신을 보자마자 당신에게 사람들의 마음과 신체를 치유하는 영적인 힘이 있다는 것을 알아차렸다. 그리고 당신은 사람들의 문제가 무엇인지, 어디에 있는지 알아챌 수 있는 능력도 있는 사람이다"라고 말했다.

그 후 그녀는 자신에게 사람들을 치유하는 힘이 있다는 것을 인정하고 본격적으로 사람들을 치료하기 시작했다. 외상적인 치유뿐 아니라 마음의 치유 능력이 있다는 것도 체험을 통해 알게 됐으며 소나의 가족과 같은 마음의 병을 앓고 있는 사람들을 치유해주기 시작했다.

쿠마리는 덧붙여서 어느 날 노인이 준 막대보다 자신의 손에 더 큰 치유 능력이 있다는 것을 알게 됐고, 그다음부터는 노인이 준 기구를 사용하지 않고 손과 기도만으로 치유를 하게 됐다고 말했다.

나는 한국에서도 의사가 아닌 특별한 능력이 있는 사람들이 병든 마음과 신체를 치료하는 경우를 본 적이 있다. 누구는 신으로부터 받은 영적인 능력으로 치유하기도 하고 누구는 자연치유 방법을 사용하기도 한다. 쿠마리의 경험과 능력이 불가능한 일은 아니라는 생각이 들었다.

"지금 생각해보면 신이 내게 치유의 능력이 있다는 것을 알려주고 싶어서 노인을 보낸 거 같습니다. 그동안 나 스스로 뭔가 특별한 힘을 느꼈지만 그것이 무엇인지, 어떤 힘이 있는지 잘 모르고 지냈습니다. 처음 사람들을 치료할 때는 돈을 받지 않았죠. 내게 부여된 신의 축복을 나누는 거라고 생각했습니다. 어려움에 처한 사람들에게 헌신한다고 생각했죠. 그런데 1년쯤 전부터 어떤 신의 계시를 받았습니다. '치료를 할 때 반드시 돈을 받으십시오.' 나는 매우 당황했습니다. 왜냐하면 지금까지 돈을 받고 싶지 않았고 그것이 당연하다고 생각했기 때문입니다. 돈을 받는 것에 대해 저항감이 느껴졌지만 지금은 왜 받아야 하는지 분명해졌습니다. 치료

비용을 받지 않는 것은 치료 받은 사람들에게도 결코 바람직하지 않다는 것도 알게 됐죠. 치료가 필요한 사람들에게는 치료를 위한 노력이 필요한데 비용을 마련하는 것도 그 노력 중 하나라는 것입니다. 나 역시 지속적으로 사람들을 치료하기 위해서는 물질적인 대가를 받아야 가능하다는 점을 깨달았습니다. 지금은 그것이 오히려 자연스럽습니다."

우리의 대화는 좀 더 이어졌다.

"평상시에 신의 메시지는 어떤 형태로 느끼나요?"

"말로 표현하기 어렵지만 내가 가지고 있는 영적인 능력과 신이 연결되어 있기 때문에 신과의 소통이 가능하다고 봅니다."

이렇게 타인을 치료하기 시작한 쿠마리는 천사가 되어 일본에서 수많은 사람들을 치유해주고 있다. 그러다 어떤 운명에 이끌려 인도에 가게 됐고 다시 또 어떤 인연에 의해 바다 건너 한국에 와서 소나의 가족을 치유하고 우리 가족까지 그녀의 도움을 받게 된 것이다.

첫날부터 너무 많은 얘기를 한꺼번에 할 수는 없었다. 쿠마리는 내가 궁금해하는 이야기를 우리 집에 머무는 동안 조금씩 다 해주겠다고 했다.

"당신은 우리가 일일이 다 말하지 않아도 우리에게 어떤 문제가 있는지 안다고 했습니다. 어떤 문제인가요?"

우리가 안고 있는 문제와 무엇을 집중적으로 치료할지 쿠마리가 말해주었다.

"가장 큰 문제는 외로움과 두려움, 불안이 만든 나쁜 에너지입니다. 테리 가슴에 쌓인 나쁜 에너지를 정화하는 것이 치료의 목표입니다. 나쁜 에너지가 몸속에 오래 쌓이면 사람의 마음뿐 아니라 몸을 지배해 의지대로 생각하고 행동할 수 있는 힘을 빼앗아갑니다. 영혼을 병들게 하죠. 테리뿐 아니라 당신에게도 오래된 나쁜 에너지들이 가득 차 있습니다. 그 나쁜 에너지들 중 당신들을 유독 힘들게 하는 것은 화(禍)입니다. 화는 다른 사람들도 힘들게 합니다."

쿠마리는 다음 날부터 시작될 치료 방법에 대해 얘기해주었다. 아침식사를 하기 전에 하루의 치료를 끝내는 것이다. 내가 먼저 일어나 샤워를 하고 그 다음 쿠마리, 다음이 테리가 샤워를 해야 한다. 치료를 시작하기 전에 몸을 깨끗하게 하는 이유는 몸을 씻는 일이 곧 마음을 정화하는 일과 같기 때문이다.

우리는 그렇게 치료를 시작한다는 얘기를 끝으로 잠을 자기 위해 각자 방으로 들어갔다. 손님들이 모두 방으로 들어가고 테리와 나는 거실에서 잠을 자기 위해 누웠다. 여러 가지 생각들이 갈마들어 쉽게 잠이 오지 않았다. 테리도 잠이 오지 않는지 한참을 뒤척였다.

좀 다르게 살고 싶어 과감하게 인도로 향했고 다시 당당하고 씩씩하게 한국의 현실과 마주했지만 한국에서 채 1년도 안 되는 시간은 참 길고 고단한 여정이었다. 여행지에서 온갖 고생을 다하며 보냈던 시간과는 확연하게 다른 고통이 끝도 없이 길게 이어질 것 같았는데 치유를 위해 다시 한 번 과감한 시도를 하고 있는 지금 우리가 잘하고 있는 걸까 하고 스스로에게 물었다.

늘 그랬던 것처럼 이것이 내가 선택할 수 있는 나만의 방법이라면 믿고 기다려보는 거야라고 스스로를 다독였다. 지난 몇 달 간의 고통이 가고 다시 예전처럼, 인도 여행지에서처럼 테리가 밝고 건강하고 당당하고 자유롭게 살게 되기를 기원하고 또 빌었다.

"당신들은 많이 아픕니다"

아침에 눈을 뜨니 곁에서 테리가 혼곤하게 자고 있다. 평온한 모습이었다.

밤에 잠들기까지 힘들어했던 터라 잠시라도 더 자게 하려고 살금살금 일어나 욕실로 가 샤워를 했다. 샤워를 하면서 느낀 것인데 내가 참 게을렀다. 매일 샤워를 한다는 쿠마리에 비하면 나는 잘 안 씻는 편이다. 일주일에 세 번 정도 머리 감는 날만 샤워를 하고 대중목욕탕은 일 년에 두 번 정도가 고작이다. 실내가 답답하고 더운 대중목욕탕에서 오래 있는 것을 싫어하는 게 목욕탕에 가지 않는 이유라고 했지만, 생각해보면 씻는 일을 싫어하는 습관 때문이었다는 생각이 든다. 그동안에는 그런 내 성격을 털털하다고 합리화시켜왔다. 이제 생각해보니 순전히 나의 게으름 탓이었다.

어젯밤에 쿠마리가 왜 제일 먼저 일어나 몸 닦는 일이 중요하다고 했는지 알 것 같았다. 목욕하는 행위만으로도 일상에 찌든 하루의 잡다한 상념들을 씻어줄 수 있을 것 같았다. 구석구석 달라붙어 있을 나쁜 기운을 닦듯 정성스럽게 몸을 닦았다.

욕실에서 나오자 쿠마리가 방에서 나왔다.

우리는 아침인사를 나눴다.

"굿모닝, 쿠마리!"

"굿모닝."

쿠마리가 샤워하는 동안 테리를 깨웠다. 테리가 눈을 비비며 일어났다. 테리는 잠이 든 이후 아침에 눈을 뜰 때까지 한 번도 깨지 않고 오래간만에 단잠을 잤다고 말했다. 소나도 일어나 집안 정리를 도왔다. 우리가 치료 받을 방에 매트를 깔고 정갈하게 정리했다.

쿠마리가 들어왔고 나는 치료를 받기 위해 천장을 보고 누웠다. 쿠마리가 배꼽 주변을 골고루 마사지하듯 만져주었다. 손의 감촉이 너무 부드럽고 따듯했다. 아기를 만져주는 엄마의 손길이 이런 거였을까. 아이를 키울 때 테리의 배를 만져주며 이 감촉을 느껴보았던가, 기억이 나지 않았다. 아이의 몸을 만지며 여유 있게 육아의 즐거움을 누려본 기억이 별로 없었던 것 같다. 그런 따뜻한 기억이 없다는 것이 문득 애잔해졌다.

고통이 가고

다시 예전처럼,

인도 여행지에서처럼

테리가 밝고 건강하고

당당하고 자유롭게

살게 되기를 기원하고

또 빌었다.

얼마간의 시간이 흘렀을까. 그녀는 손이 아닌 막대 같은 것으로 배의 중완, 단전 등을 힘껏 눌렀다. 부드러운 손길이었는데 갑자기 무언가로 누르자 금방 숨이 멎을 것 같은 고통이 느껴졌다.

'이대로 죽는 건 아닐까. 왜 이렇게 아픈 거지?'

아프다는 표현을 하지 않으면 쿠마리는 내가 아파 죽게 되어도 모를 것 같았다. 조금씩 소리를 지르기 시작했다. 고통이 배를 관통해 허리 뒤쪽으로 이어지는 것을 느꼈다. 통증이 온몸의 혈관으로 퍼져나가고 있는 것 같았다. 점점 심해졌다.

"많이 아파요."

"알고 있어요."

'알고 있다면서 왜 이렇게 아프게 하는 걸까?' 문득 아이 낳을 때 고통이 이럴까 상상을 하기 시작했다. 테리를 임신하고 분만예정일이 다가오자 출산에 대한 막연한 고통이 두려워졌다. 겁을 먹은 허리 디스크 증세를 핑계 삼아 의사와 의논하고 날을 잡아 제왕절개 수술을 해서 테리를 낳았다. 자연분만에 대한 고통, 예기치 않게 언제 찾아들지 모르는 막연한 고통이 너무 두려웠기 때문이다. 제왕절개 수술도 고통이 없었던 것은 아니었지만 언제 찾아들지 모르는 막연한 고통을 기다리고 있는 것보다는 나았다.

갑자기 지금의 고통이 마치 출산의 고통을 외면한 대가가 아닐까 하는 생각이 들었다. 죽을 만큼 아프면서도 머릿속에는 온갖 생각이 다 떠올랐다.

배를 누르고 있는 막대를 떼지 않는 이상 통증은 계속됐고 나는 신음 소리를 냈지만 쿠마리는 개의치 않았다.

어느 순간 통증에 대해 포기하는 마음이 들었다. 쿠마리에 대한 믿음을 생각했다. 어젯밤에도, 오늘 샤워하면서도 그녀에 대한 믿음이 치료에 가장 중요하다고 생각했던 것을 떠올렸다.

'그래 믿어보는 거야. 이 통증도 곧 지나갈 거야. 나는 이 통증으로 결코 죽지 않을 것이고 쿠마리가 나를 죽게 만들지는 않을 거야. 아이를 잉태한 엄마로서 출산의 고통을 참지 못하고 쉽게 배를 가르고 아이를 꺼내는, 자연의 순리를 거역한 죄를 나는 지금 치르고 있는 거야. 분명 그 죄에 대한 대가인 거야. 그러니 견뎌야 해. 쿠마리를 그냥 다 믿고 견뎌야 해.'

왜 갑자기 이런 생각을 떠올렸을까? 무려 18년 전 크게 중요하게 생각하지 않고 실행한 출산에 관한 일이 지금 왜 새삼스럽게 죄책감으로 다가오는 것인지 알 수 없었다.

문득 내 배를 누르느라 온갖 힘을 다 내고 있는 쿠마리의 고통이 떠올랐다. 우리의 천사, 쿠마리는 내 배를 이렇게 힘껏 누르느라 얼마나 힘이 들까. 이렇게 힘을 들여, 혹은 공을 들여 나를 위해 뭔가를 하고 있는데, 이 정도는 참아줘야지 하는 생각에 다다르자 신음 소리를 밖으로 내지 않기 위해 이를 악물게 되었다.

쿠마리는 서서히 손의 힘을 빼면서 배를 누르고 있던 막대를 거두고 다시 따뜻하고 부드러운 손으로 내 배를 마사지해주었다. 언제 죽을 만큼 힘든 고통이 있었는지 순식간에 잊을 만큼 고통도 사라졌다. 그녀의 손길은 처음보다 더 따뜻하고 더 부드러웠다. 너무 부드러워 이대로 오랫동안 있고 싶다는 생각이 들었다. 폭풍 뒤에 찾아온 고요만큼이나 안온했다.

그녀가 내 어깨를 잡으며 일으켜 앉혔다. 등과 머리와 팔을 두들기듯 마사지해주었다. 그리고 우리는 마주 앉았다.

"기분은 어떤가요?"

"아팠어요. 너무 많이. 그러나 지금은 편안해요."

"그래요? 됐습니다."

나는 방문을 열고 밖으로 나왔다.

이제 테리가 방으로 들어갈 차례다. 테리는 왜 그렇게 신음 소리를 냈냐고, 아프냐고 물었다. 나는 테리가 겁먹을까봐 대수롭지 않게 대답했다.

"괜찮아. 견딜 만해. 쿠마리를 믿으렴."

테리가 치료를 받으러 방으로 들어가고 20분이 지나서 밖으로 나왔다. 테리에게 많이 아팠냐고 묻자 소리를 지를 만큼 심하게 아프지는 않았다고 했다. 아마도 테리는 나와 달랐던 모양이다. 치료 방법은 비슷했는데, 테리는 배의 통증을 별로 느끼지 않았다고 했다. 40년이 넘은 내 몸과 열아홉 살인 테리의 몸이 다른 모양이었다.

우리는 오늘의 치료를 마치고 모두 함께 모여 아침을 먹었다. 엄마가 해준 밑반찬과 겨울에만 즐길 수 있는 동치미, 총각김치, 배추김치 등 온갖 김치들이 식탁을 풍성하게 해주었다. 쿠마리와 유이키는 한국 반찬들을 잘 먹었다.

식사 후에는 티타임을 가졌다. 거실에 모두 둘러앉았다. 첫날 치료를 받은 느낌을 서로 얘기했다.

테리와 같은 방법으로 치료를 했지만 테리는 통증을 잘 못 느낀 이유가 궁금하다고 물었다.

"왜 우리가 다른 걸까요?"

"테리에게는 영적인 나쁜 기운이 있는 것이고 당신은 오래된 나쁜 에너지가 몸에 쌓여 덩어리가 되어 육체와 결합돼 있기 때문입니다. 몸으로 느끼는 통증은 테리보다 당신이 클 수밖에 없습니다. 당신들은 많이 아픕니다. 신께서 당신들을 치료해주라는 메시지를 주었습니다. 신이 보내지 않았다면 우리는 만날 수 없었습니다. 이제는 걱정하지 않아도 됩니다. 당신들의 아픔을 치료해줄 것입니다. 우리가 만난 것은 신의 은총입니다. 그 점을 명심하고 항상 신께 감사해야 합니다."

우리가 정말 아프다는 것을, 우리의 고통을 누군가 제대로 알아주고 있다는 사실만으로도 위안이 되었다. 이제서야 우리가 인도에 가게 된 것이나 인도에서 소나를 만나고 쿠마리를 보게 된 것이 모두 오늘 치유를 위한 긴 여정이 아니었을까 하는 생각이 들었다.

단순한 우연이라고 믿기에는 뭔가 부족하다. 정말 어떤 힘이 우리를 돕고 있지 않다면 일어날 수 없는 일 같았다.

천사의 기적

소나는 집으로 돌아가야 했다. 소나가 더 머물러주기를 바랐지만 마냥 붙잡아둘 수는 없었다. 우리는 소나를 기차역에 데려다 주고 찜질방으로 갔다. 소나를 기차역에 내려주면서 나는 어린아이처럼 서운했다. 든든한 보호자 곁에서 홀로 떨어지는 것 같은 기분. 낯선 쿠마리와 익숙해질 때까지 매일 소나를 그리워할 것 같았다. 그동안 우리 때문에 많이 애써준 소나였다.

찜질방은 쿠마리가 제안한 것이다. 왜 갑자기 찜질방을 가자고 하는 걸까 의아했으나 땀을 내기 위해 찜질방이 필요하다고 했다. 나는 치료 첫날 특별한 고통을 느꼈고 그래서인지 기운이 쭉 빠져 집에서 늘어져 쉬고 싶었지만 찜질방에 가는 것도 내 문제를 해결하기 위한 것이라니 당연히 가야 했다.

찜질방에서 우리는 다시 한 번 특별한 경험을 했다. 테리와 유이키, 쿠마리는 아무 문제가 없었다. 내가 문제였다. 머리도 아프고 속도 메스꺼운 증세가 일더니 더운 찜질방에서 점점 심해졌다. 토할 수밖에 없었다. 뱃속에 있던 오래된 음식 찌꺼기가 다 나오는 것 같았다. 장이 뒤틀리고 속이 뒤집어졌다. 엄청난 양을 토한 것 같았다. 한참을 토한 후 다시 따뜻한 곳에 누웠지만 채 몇 분 되지 않아 속이 다시 메스꺼워졌고 뭔가 토할 것이 더 남아 있기라도 한 듯 다시 화장실로 가야 했다. 화장실로 가는 동안 들고 있던 수건에 또 토했다. 대체 얼마나 더 토해야 직성이 풀릴까. 뭔가가 끝도 없이 나올 것처럼 속은 진정되지 않았다.

쿠마리에게 머리가 너무 아파 약을 먹어야겠다고 말했다. 쿠마리는 "먹지 않는 게 좋아요. 좀 참고 기다려요. 토하는 것은 아무 문제가 없고 좋은 일입니다"라고 말했다. 그렇지만 나는 두통을 참을 수 없어 쿠마리 모르게 찜질방 매점에서 진통제를 얻어 먹었다. 곧 그 진통제가 화근이 되었다. 진통제에서 풍기는 화학성분의 약 냄새가 얼마나 역겨운지, 그 역겨움이 오장육부를 다시 휘저어놓았다. 특유의 약 냄새가 몸 안에 남아 있는 모든 것을 자극하면서 다시 토하기 시작했다. 몸속에 남아 있는 이물질이 다 토해지는 기분이었다. 그렇게 많이 토했는데 대체 뭐가 더 나올 게 있다고 이렇게 구역질이 나는지 야속했다. 한참을 그렇게 토하고 더 이상 나올 것이 없자 헛구역질까지 나왔다.

왜 쿠마리 말을 듣지 않았을까 아무리 후회해도 돌이킬 수 없었다. 그 후회가 고스란히 온몸에 고통이 되었다.

나는 찜질방 한쪽에 널브러져 있었고 더 이상 구역질할 기운도 없었다. 테리가 겁을 먹고 쿠마리를 불러 왔다. 미안하고 부끄러웠지만 입안에서 약 냄새가 진동해 약을 먹었다고 고백할 수밖에 없었다.

쿠마리의 얼굴표정이 좋지 않았다. 자신의 말을 따르지 않았기 때문이리라 짐작했다. 그녀는 말없이 나를 똑바로 눕혀놓고 내 배를 만지기 시작했다. 머리를 만지고 배를 만져주는데 그 손길이 너무나 따뜻했다. 몸도 마음도 고요해지고 편안해지는 것을 느낄 수 있었다.

"당신의 충고를 듣지 않아 미안합니다."

"어떤 약이든 화학성분이 들어간 약은 될 수 있으면 먹지 마세요. 당신 몸을 깊이 병들게 할 수 있습니다."

나는 그동안 얼마나 많은 화학성분이 들어간 약을 애용해왔던가. 조금만 머리가 아프거나 생리통이 찾아와도 참지 못하고 진통제를 사 먹었고 배탈이 나거나 감기에 걸리면 기를 쓰고 약을 복용했다. 몸이 아플 때 다른 노력을 하지 않고 약을 통해 손쉽고 빠르게 고통이 해소되는 길을 택하며 살아왔다.

오늘 토하며 그동안 내가 먹은 온갖 화학성분의 약 냄새가 얼마나 지독하게 구역질 나는지 실감했다. 평생 먹은 모든 약이 다 토해지는 것 같았다.

"알겠습니다. 다음부터 약을 남용하지 않겠습니다."

"오랫동안 몸 안에 쌓여 있던 나쁜 에너지들이 처음 자극을 받아 밖으로 나오게 된 것입니다. 많이 토한 것은 오히려 좋은 징조입니다. 약을 먹지 않았으면 덜 고통스럽게 토했을 것입니다. 아침에 몸을 자극하고 난 후라 더운 곳에서 당신 몸이 반응할 것을 알고 있었습니다. 이것을 겪어야 했기에 찜질방에 온 것입니다."

쿠마리가 쓰다듬어주어 배도 진정되었고 머리 아픈 것도, 메스꺼운 증상도 가라앉았다. 언제 내게 그런 일이 있었는지 싶을 만큼 개운하고 가뿐해졌다. 나는 천사의 기적을 느꼈다.

그렇게 한나절을 찜질방에서 보낸 후 집으로 돌아왔다.

치료를 시작한 첫날이 이렇게 정신없이 지나갔다. 테리도, 하루 종일 토하느라 기진맥진한 나도 고단한 하루였지만 뭔지 모르게 마음은 평온했다. 불을 끄고 테리와 나란히 누웠다. 테리는 신기하게도 잠들기 전 무서워하지 않고 잠을 잘 잤다. 우리는 오래간만에 단잠을 잤다.

4. 치유의 날들

치유의 날들

외롭고 슬픈 마음을 위한 잔치

유이키가 일주일 머무는 동안 한국에서 하고 싶어 하는 것 목록이 있었다. 첫째 명동과 남대문시장 가는 일, 둘째 얼굴 마사지 받는 일, 셋째 삼겹살 많이 먹고 사 가져가는 일이다. 일본인들이 한국에 오면 가장 많이 가는 곳이 명동이란다. 명동에서는 진짜보다 더 명품 같은 짝퉁을 얼마든지 살 수 있고 옷과 화장품, 신발, 가방 등 여성들이 좋아하는 패션의 모든 것을 일본보다 훨씬 저렴하게 쇼핑할 수 있기 때문이다.

나는 출근을 해야 하니 함께 갈 수 없었고 테리가 유이키를 따라나섰다. 쿠마리 말에 의하면 자신들보다 오히려 테리에게 이런 명동 나들이가 필요하다고 했다. 상당히 공감 가는 말이었다. 인도에서 자유롭게 여행하다 돌아온 테리가 거의 1년 동안 집 안에서 입시와 실랑이했으니 속에서 발산되지 못한 에너지가 가득 쌓여 그것이 화가 돼 있을 수 있다는 짐작이 갔다. 그러나 그것도 어쩔 수 없는 것이 테리에게는 함께 놀아줄 친구가 없었다. 테리에게 가장 힘들었던 것은 놀고 싶을 때 맘껏 발산하며 놀 수 있는 친구가 없다는 것이다. 친구들은 모두 고등학교에 다니고 있는데 누가 영화나 쇼핑에 자유롭게 시간을 내줄 수 있을까.

쿠마리는 테리의 문제를 정확하게 알아차렸고 유이키를 데려와 단 일주일이나마 둘이 친구가 되어 하고 싶은 일을 실컷 할 수 있는 분위기를 만들어주었다.

유이키와 테리는 하루도 집에 있지 않았다. 아침에 치료가 끝나면 바로 서울에 가든 시내로 가든 뭔가 일정을 만들어 외출했다. 오히려 테리가 피곤하다고 할 만큼 둘은 맘껏 돌아다녔다. 낮에는 시내 중심가를 다니며 길거리표 물건을 한두 가지 사거나 미용실에 가 머리를 자르기도 하고 밤에는 노래방에 가 맘껏 소리 지르며 노래를 부르기도 했다.

하루 종일 명동이나 남대문 일대를 돌며 쇼핑을 하고 저녁에 돌아오면 테리는 정신없이 곯아떨어지곤 했다. 이제는 잠들기 전 힘들게 뒤척이는 일도 없어졌다.

하루는 내가 쿠마리에게 물었다.

"테리가 매일 외출하면서 즐겁게 지내는 것이 치료에 어떤 도움이 되나요?"

"테리는 오랜 시간 동안 외롭고 슬펐습니다. 겉으로는 씩씩한 것 같아도 여린 새싹과 같죠. 테리의 영혼도 외롭고 슬퍼요. 그 외로운 영혼을 치유하려면 어떻게 해야 할까요? 늘 누군가 함께 있다는 마음을 느낄 수 있게 해주어야 합니다."

"그렇군요."

"테리는 다른 사람을 돕는 일을 좋아합니다. 작은 일이지만 유이키와 다니며 유이키를 돕는 것이 스스로 존재감을 찾는 데 도움이 됩니다. 테리의 영혼에게 즐거운 일이죠. 테리에게 있는 외롭고 슬픈 마음도 사라질 것입니다. 테리는 너무나 자유롭고 맑은 영혼을 가진 아이입니다. 그것이 세상과 부딪치며 많은 상처를 입는데 상처를 극복하는 법을 배워야 합니다. 테리가 그 방법을 몰랐던 거죠."

쿠마리는 테리를 한시도 가만 놔두지 않고 여기저기 데리고 다닌 것이다. 노래방에 가서 소리 지르고 노래 부르게 한 것은 모두 다 테리 안에 숨어 있는 외롭고 슬픈 마음을 위한 잔치였다.

테리가 힘들어하며 짜증을 부리는 온갖 행동들이 테리 자신의 문제가 아니고 테리 몸에 함께 기거하고 있는 외롭고 슬픈 마음의 문제였다는 말에 한시름 놓였다. 원인을 알게 되면 치료는 당연한 수순일 테니. 테리 안에 있는 외롭고 슬픈 마음을 위해 충분하게 잔치를 벌여준다면 테리가 자신의 모습을 되찾을 수 있다는 말을 믿었다.

나는 테리가 즐겨주기를 바랐다. 한 번도 외롭거나 슬펐던 적이 없는 사람처럼 맘껏. 그리고 세상으로 인해, 혹은 엄마나 아빠, 다른 가족들로 인해 받았던, 무수한 상처들을 극복하고 이겨내고 견뎌나갈 수 있는 힘이 만들어지기를 바랐다. 이제 더 이상 여린 새싹이 아니고 언제 어디서고 자신만의 색깔로 꽃을 피울 수 있는 생명력 강한 들꽃이 되기를 간절히 바랐다.

미안하다, 사랑한다

테리는 아주 어렸을 때부터 유난히 동물을 좋아했다. 그동안 집에서 키운 애완동물도 다양했다. 병아리, 토끼, 거북이, 햄스터, 강아지, 물고기 등등. 거북이와 물고기를 제외하고는 모두 어느 정도 키우다 시골 외할머니 집으로 보내지곤 했다. 그중 강아지들이 추억에 남아 있다.

하얀 스피치 캔디는 털이 너무 많이 빠져 감당이 안 돼 시골로 보내졌고 회색 슈나우저는 대소변 훈련이 안 되고 털갈이가 심해 아는 사람에게 주었다. 그리고 진돗개 꽃잎이가 있었다. 진도로 가족 여행을 갔을 때 어느 어촌마을에서 놀고 있는 하얀 새끼 강아지를 보고 테리가 너무 좋아하자 테리 아빠가 선뜻 사준 것이었다.

꽃잎이는 아파트에서 기를 수 없는 개여서 처음부터 엄마 집에 가져다주었다. 진도 원산지에서 사왔다는 이유로 대접받으며 테리 외삼촌이 잘 키워주었다. 테리는 외할머니 댁에 갈 때마다 꽃잎이와 같이 놀아주었다. 꽃잎이는 후손을 많이 번창시키며 오래도록 외할머니 집에서 잘 자랐다. 캔디는 우리가 아파트에서 시골집으로 이사해 몇 년 살게 되었을 때 데려다 함께 살기도 했다. 모두 오래전 얘기라 캔디와 꽃잎이는 이미 하늘나라로 갔다.

그러다 인도에서 온 후 키우게 된 스펀지. 우리는 스펀지를 너무 좋아했고 스펀지를 우리에게 준 사람에게 늘 감사한 마음을 갖고 있다. 그런데 쿠마리와 유이키가 우리 집에 머물기로 하면서 고민이 생겼다. 쿠마리가 강아지를 좋아할지 모르겠고 스펀지가 처음 보는 사람들에게 너무 산만하게 굴어 불편한 일이 생길까 염려되었다. 그래서 우리는 고민 끝에 스펀지를 잠시 강아지를 좋아하는 친구 집에 맡기기로 했다.

스펀지를 맡기고 돌아오는 길이 너무 힘들었다. 떨어지지 않으려고 한참을 발버둥치는 것을 간신히 두고 나왔다. 이튿날 친구에게서 전화가 왔다.

"지난밤에는 현관에서 꼼짝 않고 엄마를 기다리는 눈치더라. 지금은 조카랑 잘 놀고 있어. 걱정하지 마."

현관에서 얼마나 점프를 많이 하며 엄마가 되돌아오기를 기다렸을까. 스펀지 맡긴 것이 문득 후회되었다. 테리는 더 속상해하면서 스펀지를 보내자마자 보고 싶다고 울먹였다. 그래도 치료에 방해가 되면 안 되기 때문에 더 이상 스펀지를 생각하지 않기로 했다.

테리는 점점 더 스펀지를 그리워했다. 마치 사랑하는 둘을 생이별시켜놓은 것 같아 미안할 정도였다. 테리는 치료를 받고 유이키와 여기저기 바쁘게 외출하면서도 그 사이사이 스펀지를 그리워했다. 하루는 몸살 난 것처럼 스펀지가 그립다며 끙끙 앓았다.

나는 오래전 키우던 슈나우저, 캔디나 꽃잎이를 생각했다. 데려와 집에서 제대로 키우지 못하고 여기저기 남에게 떠넘긴 것이 얼마나 미안한지. 테리 못지않게 스펀지를 사랑하게 되면서 비로소 오래전 키우던 동물에게 제대로 사랑을 주지 못했던 것이 죄책감으로 떠올랐다.

'책임도 못 질 거면 데려 오지나 말지.'

강아지를 키우는 것은 자식을 키우는 것과 같다. 키우다 형편이 안 된다고 남에게 맡기는 것이 강아지에게 얼마나 큰 상처가 될지. 정을 주고 애지중지하던 테리에게도 그런 일이 큰 상처였다.

나는 어른들 입장에서만 생각했지 스펀지나 테리가 받을 상처를 중요하게 생각하지 않았다. 쿠마리에게 조심스럽게 스펀지 얘기를 했다. 쿠마리도 유이키도 "노프로블럼"이라고 말했다.

"거봐. 스펀지 안 보내도 되는 건데, 둘 다 강아지 좋아할 거라고 했지?"

테리가 내게 눈을 흘기며 한 말이다.

스펀지를 친구 집에 보내고 닷새째 되는 날 나는 스펀지를 데리러 갔다. 스펀지는 나를 보자마자 반가워 한바탕 난리를 피웠다. 며칠 친구 집에 머무는 동안 친구 조카가 얼마나 잘 데리고 놀아주었는지 정이 들어 그 정을 떼는 것도 문제였다. 친구 조카는 남자아이여서 무척 역동적으로 놀아준 것 같았다. 스탠더드 푸들인 스펀지는 다른 애완견에 비해 키도 크고 힘도 센 편이어서 뛰고 노는 것을 무척 좋아한다. 우리보다 남자 조카아이가 얼마나 열심히 뛰고 놀아주었을지 상상이 갔다. 그렇게 잘 놀던 스펀지가 다시 그들과 헤어지는 것이 힘든 모양이다. 차에 태워 데려오는 동안 친구와 떨어지지 않으려고 차 안에서 심하게 나부댔다.

나와 떨어질 때나, 다시 친구에게서 떨어질 때, 맨 처음 주인에게서 떨어질 때, 스펀지가 받았을 상처가 안쓰러웠다. 마치 테리가 어렸을 때 어린이집에 가지 않겠다고 아침마다 외할머니 품에서 떨어지지 않던 때와 같았다.

나는 직장 때문에 세 살도 안 된 테리를 엄마에게 맡겼고 엄마는 하루 종일 테리를 돌보는 것이 힘들다며 어린이집에 보냈다. 아침마다 어린이집 버스가 마을에 오면 테리는 외할머니 품에서 떨어지지 않으려고 울부짖었다. 그런 테리를 매일 아침 억지로 버스에 태워 보내곤 했다.

지금 생각하면 너무나 미안했다. 적어도 테리가 서너 살 될 때까지는 직장생활에 대한 욕심을 접고 엄마인 내 품에서 자라도록 했더라면 얼마나 좋았을까. 스펀지를 보면서 그때의 테리 모습이 떠올랐다.

'테리야, 엄마가 정말 미안했다. 너를 다시 뱃속에 넣고 다시 낳아 다시 한 번 키워볼 수 있다면 얼마나 좋을까? 미안하다, 스펀지. 다시는 다른 사람에게 너를 맡기지 않을게.'

스펀지는 배웅 중인 친구가 멀어질 때까지 창밖을 기웃거리며 잠시 돌봐준 친구를 그리워하는 눈치였지만 이내 운전 중인 내 품으로 달려들었다. 내 마음을 알아차렸을까?

스펀지가 집으로 돌아왔다. 테리와 스펀지가 서로 부둥켜안고 뽀뽀하며 핥고 한바탕 난리를 피웠다. 쿠마리와 유이키와도 신고식을 제대로 치렀다.

스펀지는 곧 친구네 집에 보내졌던 것을 잊어가고 있는 듯했다. 하지만 한때 가장 소중한 보호자로부터 자신이 버려진 것에 대한 두려움과 불안했던 기억은 남아 있을 것이다.

"엄마, 너무 고마워"

치료는 매일 아침 계속되었다. 언제 끝이 날지 정해진 것도 없었다. 첫날 그렇게 많이 토했지만 아직도 가슴에 뭔가 묵직한 것이 남아 있는 느낌이었다. 쿠마리에게 물어보니 오래된 에너지가 나갈 곳을 찾지 못해 가슴에 머물러 있다고 했다. 이것이 빠져나가 가슴이 뻥 뚫려야 나 스스로 치료가 됐다는 것을 느낄 수 있다고 했다.

테리 역시 아직은 치료 시간이 더 필요했다. 채 일주일이 되지 않았지만, 하루하루 치료 비용을 계산하지 않을 수 없었다. 생각해 보면 병원에 다니더라도 그 정도는 예상할 수 있는 일이었다. 그러나 경제적인 대비가 충분하지 않았다. 그렇다고 치료를 중단할 수는 없는 노릇이었다.

하루는 쿠마리에게 치료 비용을 감당하는 것이 벅차다는 사실을 어렵게 털어놓았다. 그러자 쿠마리가 말했다.

"신께 매달리세요. 신은 이번 기회를 통해 당신에게 많은 것을 가르치려 하고 있습니다. 당신은 진심으로 부끄러운 것이 무엇인지 깨닫지 못하고 있습니다. 부끄러운 것은 돈을 빌리는 것이 아니라 도움을 준 가족들에게 감사한 마음을 갖지 않는 것입니다. 당신은 어머니에게 진심으로 감사하다는 말을 하지도 않고 그렇게 생각하지 않았습니다. 이번에 당신에게 그 말을 하도록 가르칠 것입니다. 그리고 다른 가족이나 친구들에 대해서도 마찬가지입니다. 그동안 당신을 도와주거나 소중하게 여긴 친구들에게 역시 진심으로 감사한 마음을 가지고 표현하도록 당신에게 기회를 줄 것입니다. 당신이 그런 진심을 갖고 신께 매달린다면 신은 당신을 도울 것입니다."

쿠마리의 이야기를 듣는 순간 뭔가 뒤통수를 한 대 얻어맞은 것 같았다. 그동안 누군가 어려움에 처했을 때 나는 내가 도울 수 있는 그 이상을 도왔다고 생각하며 살았다. 누군가에게 물질적 정신적 도움을 받으면 그만큼의 감사한 마음을 갖고 있다고 생각했다. 그런데 쿠마리의 말을 듣고서는 내가 많이 부족했고 표현을 하지 않고 살아왔다는 걸 알았다. 특히 엄마에게 그랬다. 지금까지 엄마 앞에서 "엄마, 고마워"라는 말을 해본 적이 없다. 생전 처음 인도 여행 중에 편지로 감사하다는 말을 표현한 적은 있었다. 그것이 전부였다. 그만큼 엄마나 가족에게 감사하다는 말을 표현하는 일이 서툴렀고 소원했다.

눈물이 펑펑 쏟아졌다. 가슴 밑바닥에서부터 솟구치는 질긴 아집이 설움이 되어 복받쳐 올라왔다. 왜 나는 이렇게 살았을까. 왜 바보같이 가까운 사람들의 사랑을 진심으로 받아들이고 진심으로 감사하며 살지 못했을까. 그녀의 말대로 잘못은 통장의 잔고 부족이 아니라 타인에 대해 감사한 마음을 갖지 못한 거였다.

쿠마리는 나의 감춰둔 해묵은 치욕을 건드렸다. 울음이 멈추어지지 않았다. 나의 오만함과 고집이나 집착이 내 안에 쌓이며 나쁜 에너지가 되었고 타인을 진심으로 사랑하거나 감사할 줄 모르는 이기적인 인간으로 만들었다. 그랬다. 겨우 울음을 그치고 그녀에게 물었다.

"제가 어떻게 하면 될까요?"

"지금 엄마에게 전화를 걸어 그동안 감사했다는 말을 진심을 다해 하세요."

눈물을 닦고 전화기를 들었다.

"엄마, 나는 참 못돼먹은 딸이야. 어쩌면 그동안 엄마한테 감사하다는 말을 한 번도 하지 못했는지. 자식을 키우는 엄마면서 왜 그걸 몰랐을까. 너무 미련하고 바보 같았어. 엄마 미안해, 잘못했어. 엄마 너무 고마워."

태어나 처음으로 엄마에게 한 이야기들이다. 눈물이 나서 말을 길게 하지 못했지만 가슴 깊이 후회하며 내 마음을 엄마에게 전했다. 정말 미안하다고.

"당신의 진심이 엄마에게 전달되었습니다. 앞으로도 지금 같은 마음으로 살기를 바랍니다. 그다음에는 어려운 일이 있을 때 신께 매달리세요. 누구나 혼자 힘으로 할 수 있는 것은 없습니다. 많은 사람들이 서로 도움을 주고받으며 살지요. 사람들은 은혜를 입은 만큼 신께 다시 바칩니다, 무엇이 먼저라고 말할 수는 없지만 신께 감사하는 마음의 징표는 마음만으로 안 될 때가 있습니다. 눈에 보이는 희생과 제물이 필요합니다. 당신이 원하는 것을 이루는 것만큼이나 신께 제물을 바치는 일도 노력이 필요하고 신은 어떤 방법으로든지 당신의 노력을 원합니다. 당신은 치료를 받기 위해 노력이 필요합니다. 신께 도움을 요청하는 노력을 해야 하고 신의 은총을 받는다면 그것에 감사하는 마음과 다시 신께 제물을 바치듯 대가를 지불하는 노력을 해야 합니다. 그것은 감사에 대한 예의이기도 합니다."

방법이 없었다. 오직 신께 기도하는 것밖에는. 기도를 열심히 해서 얻어지는 대가가 있으면 그것은 우리 치료를 위해 다시 신께 바치듯 대가를 지불해야 한다.

신은 내 기도를 들어주었다. 매일 지불되는 비용이 만만치 않았지만 하루하루 위기를 넘기듯 우리는 잘 넘기며 치료를 계속할 수 있었다.

즐거움을 선사하다

내일이면 유이키가 우리 집에 일주일을 머물다가 돌아가는 날이다. 우리는 마지막 날을 어떻게 하면 아쉬움 없이 보낼까 고민했다. 쿠마리가 중국음식을 먹고 노래방에 가자고 제안했다. 퇴근 후 쿠마리와 유이키, 테리를 만났다. 시내에서 중국음식을 먹고 노래방으로 향했다.

쿠마리는 내게 노는 법을 모른다며 잘 노는 것도 중요한 일이라고 강조했다. 그녀의 말대로 나는 신명이 있지만 그 신명을 밖으로 표현하는 데 익숙지 않았다. 노래를 못하는 음치여서 노래하는 자리에서 선뜻 나서지 못하고 몸치여서 흥겨운 마당이 펼쳐져도 쉽게 몸을 흔들며 흥겨워하지 못한다. 그런 마음이 먼저 밑바닥에 깔려 있어 마음속에는 신명이 들끓어도 그것을 밖으로 표출하지 못하고 살아온 셈이다. 그녀는 이런 나의 습성을 고치라고 주문한다.

"당신이 노래를 못하는 것이 아니라 '나는 노래를 못한다'고 생각하는 마음이 문제입니다. 그 마음을 바꾼다면 당신은 노래를 얼마든지 잘 부를 수 있습니다. 당신의 목소리는 좋은 노랫소리를 낼 수 있도록 타고났습니다. 그러니 주저하지 말고 한번 마음껏 불러보세요. 당신은 좀 흥겹게 놀아줄 필요가 있습니다. 흥이나 신명을 발산하지 못하면 몸에 나쁜 에너지가 쌓입니다."

그녀의 말이 수긍이 되었다. 젊은 시절 학교 축제 때나 디스코텍엘 가도 마음은 좀 흥겹게 놀아보고 싶은데, 몸이 잘 따라주지 않았다. 아주 가끔 직장 동료나 친구들과 노래방을 가곤 하지만 역시 테리가 즐기는 것처럼 괴성을 지르거나, 자신 없는 노래라도 목청을 돋우며 당당하고 흥겹게 불러본 적이 없다. 그런 것들이 시간이 지나면서 스스로에 대한 불만으로 쌓여갔다. 특히 인도 여행 중에는 거리에서 몸을 움직이며 흥에 겹도록 춤을 출 수 있는 기회가 많았다. 그럴 때마다 한쪽에서 박수만 치고 관객이 되는 것으로 끝나고 말았다. 왜 나는 무대에 나가 사람들과 흥겹게 한 판 제대로 놀아보지 못하는지, 그 행위가 멋쩍기만 한 자신이 원망스러웠다. 자신감과 용기, 배짱은 어디서 오는 것인지, 내게는 왜 그런 당당함이 부족한 것인지. 이렇게 늘 아쉬워하며 기회를 잃곤 했다.

'그래, 오늘 맘껏 소리 지르며 흥겹게 놀아보리라.'

우리는 노래방 주인에게 서비스 시간 많이 주세요 하며 방을 한 개 차지하고 들어갔다.

노래방 책에 일본 노래 선곡표가 있는 줄 몰랐다. 일본 관광객들이 많이 찾아온다는 증거였다. 쿠마리가 먼저 노래를 불렀다. 존 레넌의 〈렛잇비〉였다. 노래를 너무나 잘 불렀다. 목소리가 구성지면서 감미로웠다. 노래를 부르는 표정도 압권이었다. 테리가 이글스의 〈호텔 캘리포니아〉를 멋지게 불렀다. 테리가 노래를 좀 한다는 것은 알았지만 이렇게 잘하는 줄 몰랐다. 유이키도 일본 노래를 애교 섞인 목소리로 불렀다.

내 차례였다. 가끔 노래방에 가면 늘 부르던 노래를 불렀다. 이제 노래를 열심히 불러 레퍼토리를 바꿔야겠다는 생각을 했다. 돌아가며 몇 차례씩 노래를 부르고 나니 주어진 한 시간이 금방 갔다. 서비스타임을 줘 한 곡씩 더 부르고 아쉬웠지만 다음을 기약하며 우리는 밖으로 나왔다. 밖은 빙판에 한겨울이지만 몸과 마음이 무척 훈훈했다. 서로 넘어지지 않기 위해 팔짱을 끼고 엉금엉금 걸으며 눈이 내릴 것 같은 하늘을 보았다.

'그래 종종 이렇게 신명을 내뿜으며 살아야 해. 매일 집 안에서 책이나 노트북만 들여다보고 있다고 뭐가 크게 달라지는 것도 없는데.'

노래방의 네온사인을 하염없이 바라보며, 여운을 남겨둔 채 집으로 돌아왔다.

이튿날 유이키는 우리가 싸준 냉동 삼겹살을 아이스박스에 담아 가지고 테리와 쿠마리의 배웅을 받으며 일본으로 돌아갔다. 일본으로 돌아간 유이키는 며칠 후 우리에게 특별한 소식을 전해주었다. 남자친구가 있었던 유이키가 아이를 가졌다는 소식이다. 한국에 왔을 때 이미 아기가 몸속에서 자라고 있었던 것인데, 일본에 돌아가자마자 그 사실을 알게 된 것이다. 우리는 모두 축하해주었다. 유이키는 삼겹살을 맛있게 먹고 있다며 감사하다는 말도 잊지 않았다.

유이키는 테리에게 잠재된 에너지를 맘껏 발산할 수 있도록 도와주고 돌아간 것이다. 유이키와 함께 시내를 활보하고 머리 스타일을 바꾸고 노래방에 가거나 아이쇼핑을 한 모든 일들이 테리에게는 치유의 순간이었다. 유이키는 돌아갔지만 이제 쿠마리의 도움을 받으며 테리가 극복해야 할 부분만 남은 셈이다. 어쨌든 우리는 치유를 위해 한 발씩 앞으로 나아가고 있었다.

슬프고 외로운 마음

유이키가 돌아가고 우리의 치료는 계속되었다.

유이키가 돌아간 이튿날 테리는 샤워하기 싫다며 일어날 생각을 하지 않았다. 지난 며칠간은 깨우면 부지런하게 벌떡 일어나던 아이가 아무것도 하기 싫다며 무기력한 모습을 보였다. 내가 치료를 마치고 나올 때까지 테리는 그대로 누워 있었다.

테리의 상태를 알아차린 쿠마리는 말없이 자기 방으로 들어가 명상을 하기 시작했다. 나는 안절부절못했지만 테리는 쉽게 마음을 바꾸지 않았다.

"왜 샤워하기 싫은 거니?"

"무서워."

"뭐? 무섭다고?"

"응."

"여태 잘했는데 오늘 따라 무섭다고?"

"응."

"어떻게 무서운데?"

"혼자 문 닫고 있는 게 무서워. 그렇다고 문을 열어놓고 샤워를 할 수는 없잖아."

"그럴 수도 있지. 너 원래 무서움을 많이 탔잖아. 엄마가 문 옆에 서 있어줄게."

아기를 달래듯 부드럽게 테리의 마음을 이해하려고 노력했다. 나는 욕실 문을 반쯤 열어놓고 몸을 기대 앉아 있었다. 테리가 샤워를 했다.

"테리야. 마음 편안하게 샤워해. 엄마 어디 가지 않아."

테리가 두려워하거나 불안해할 때마다 어린 시절 테리를 잃어버렸던 기억과 직장생활 한다고 테리를 엄마에게 맡겼던 기억들이 떠올려진다.

아주 오래전 테리가 여섯 살 쯤으로 기억된다. 테리를 같은 동네에 사는 이모님 댁에 맡겨놓고 직장 동료들과 시외로 나들이를 했다. 회사가 문을 닫느니 마느니 하는 뒤숭숭하던 때라 뭔가를 함께 의논하기 위한다는 명분이었다.

집에 돌아와보니 내가 없는 사이 끔찍한 일이 벌어졌다. 이모가 아이를 재워놓고 잠깐 외출을 한 것이다. 아이가 잠에서 깨보니 집에 아무도 없었고 두려웠을 아이는 혼자 엘리베이터를 타고 밖으로 나와 울었다. 이모 집 아파트 밖으로 나와서 아이는 마냥 울었다. 지나가던 짜장면 배달 아저씨가 집이 어디냐고 물었고 테리는 살고 있는 아파트 이름을 댔다. 우리 집과 이모 댁 아파트는 적어도 2킬로미터는 되는 거리였다. 짜장면 아저씨가 테리를 태우고 우리 집 아파트 관리사무실에 데려다준 것이다. 테리는 아파트에 오자 겨우 자기 집인 것을 알았고 엄마가 데리러 오기만을 기다린 것이다.

내가 외출했다 이모 집으로 테리를 데리러 가보니 이모와 테리는 함께 있었다. 이모가 돌아와 이리저리 테리를 찾다 우리 집 아파트까지 가보았다. 그런 다음에야 테리가 무사한 것을 알았고 이모는 십년감수했단다. 테리가 나를 보자마자 눈물이 그렁그렁한 눈으로 "엄마 어디 가지 마"라고 했다. 나는 지금도 종종 그날을 떠올리면 아찔해서 몸에 소름이 돋곤 한다. 갑자기 그 기억이 되살아났다. '그랬지. 내가 그때 아이를 잃을 뻔했지.'

나는 그 후로도 테리보다는 나 자신의 일을 더 중요시하며 살았다. 테리에게 늘 불안과 혼자 남는 것에 대한 두려움을 안겨주었다.

'테리가 얼마나 마음이 아팠을까, 얼마나 두려웠을까.'

지금도 어린 시절 테리가 받은 숱한 상처들을 생각하면 너무나 미안하다. 왜 그때는 테리 곁을 지켜주는 것이 세상의 어떤 일보다 중요하다는 것을 몰랐을까. 그것을 일찍 깨닫지 못하고 뒤늦게 알게 된 것이 원망스러웠다. 오늘, 테리가 이처럼 혼자 샤워하는 것조차 무서워하는 것이 어린 시절 잠재된 불안이 되새김질되는 것은 아닌지 자꾸만 과거로, 과거로 나를 데려간다.

그토록 당당하던 테리가 어느 날 갑자기 이렇게 아기처럼 두려움에 떠는 것이 모두 다 어린 시절 테리 곁을 지켜주지 못한 나의 불찰만 같았다. 아기 때의 상처가 평생 잠복해 있다 어느 때고 불쑥불쑥 나타날 수 있다는 어느 성직자의 말을 들은 후부터는 더욱 그랬다.

'엄마가 일찍 퇴근하고 오늘은 너를 꼭 보러 갈게'라고 약속하고 약속을 지키지 않은 날들이 너무나 많았다. 늘 테리보다 내 일이 더 중요했기 때문이다. 테리는 누군가에게 맡겨지고 엄마가 언제 올까 하는 불안에 떨었던 것을 몸으로 기억하고 있는 것 같았다.

'그럴까? 오늘도 그것일까?'

어린 시절 엄마가 눈에 보여야만 믿을 수 있었고 안심을 했던 테리가, 욕실 앞에서 내가 눈에 보여야 안심이 된다는 테리가, 아직도 엄마를 근본적으로 믿지 못하는 걸까?

테리가 샤워를 마치고 나오자 쿠마리도 방에서 나왔다.
"치료받을게요."
테리가 쿠마리에게 말했다.
"그래. 치료하자."
쿠마리의 표정도 한결 가벼워 보였다. 잠깐의 시간이 서로에게 마음의 평화를 주었던 것이다. 쿠마리가 치료 방으로 먼저 들어갔다. 나는 테리를 안아주었다.
"치료 잘 받아."

치료를 끝내고 쿠마리와 차를 마셨다.
오늘 있었던 일에 대해 미안하다고 사과하자 쿠마리는 오히려 나를 위로해주었다.
"오늘처럼 마음이 좋았다 나빴다 끊임없이 반복할 것입니다. 그러다 서서히 좋아질 것입니다. 테리가 오늘 잘 이겨냈습니다. 테리에게 있는 외로움이나 슬픈 마음은 두려움과 불안을 만들어주는 나쁜 에너지의 실체라고 할 수 있습니다. 어린 시절 문제는 결코 누구의 탓이 아닙니다. 자책하는 것은 치료에도 도움이 되지 않습니다. 테리가 남들보다 여리고 순수할 뿐입니다. 테리의 영혼이 너무 깨끗하고 순수해 외롭고 슬픈 감정을 온몸으로 받아들여 쌓였을 뿐이죠."

그녀의 말이 많은 위안이 되었다. 하루가 또 이렇게 넘어갔다.

수정막대의 신비

치료를 받기 시작한 지 7일째 되는 날이었다. 다른 날과 다름없이 샤워를 하고 쿠마리 앞에 편안한 자세로 누웠다. 오늘은 또 얼마나 아프려나 하고 속으로 생각하며 '더 심한 마음의 고통이 많았는데 이깟 몸으로 느끼는 고통쯤이야, 이 정도 고통으로 죽지는 않아. 고통을 있는 그대로 받아들이며 감수하자'라는 생각을 하고 또 했다.

그런데 참 신기한 일이 벌어졌다. 수정막대가 내 배 위에 닿으면 아플 거라고 짐작하면서 배가 경직되던 때와 다르게 그 고통을 받아들일 각오를 하고 마음을 내려놓으니 수정막대가 너무나 부드럽게 느껴졌다. 전날과 같은 힘으로 수정막대가 내 배꼽 주변에 원을 그리면서 돌아가며 누르고 있는데 나는 아프기보다는 수정막대를 통해 뭔가 따뜻한 기운이 내 배 전체로 퍼지는 듯한 기분이 들었다.

'이 기운은 뭘까. 너무나 따뜻하다. 너무나 평온하다. 하나도 아프지 않아.'

나는 그 상태가 좋아 오히려 그 기분에서 헤어 나오고 싶지 않았다. 엄마의 뱃속이 이렇듯 평온할까. 뱃속의 따뜻한 기운은 전신으로 퍼져나가는 것 같았다.

수정막대로 배를 누르는 치료가 끝나고 나면 쿠마리의 손이 같은 방법으로 내 배를 마사지하듯 배꼽 주변을 눌러준다. 쿠마리의 손길이 너무나 따뜻하고 부드럽다. 늘 같은 방법으로 치료를 반복하고 있지만 오늘은 뭔가 확실히 달라졌다.

치료를 다 끝내고 나를 일으켜 앉히며 쿠마리는 내 등을 어루만져주면서 물었다.

"오늘은 어땠죠?"

나는 아무 말도 하지 못하고 가슴이 울컥해 쿠마리를 안아주었다.

"감사해요. 오늘은 너무나 평온했어요."

그녀도 "당신이 많이 좋아졌습니다"라고 말하며 나를 안아주었다.

치료를 끝내고 테리는 수영장에 갔다. 출근하지 않는 날이어서 오래간만에 쿠마리와 여유 있게 차를 마시며 얘기할 수 있었다. 문득 오랫동안 가슴을 답답하게 했던 뭔가가 사라졌다는 생각이 들었다. 너무 신기해서 내 가슴을 눌러보기도 했다. 역시 편안해진 느낌이었다. 나는 아이처럼 좋아하며 오늘 치료 후에 달라진 몸에 대해 자랑스럽게 이야기했다.

그러자 쿠마리가 말했다.

"곧 완전히 좋아질 것입니다. 기도 더 많이 하고 노력하세요. 당신의 진심이 신께 전달되고 있습니다."

우리는 서로 서툰 영어로 대화를 나누었는데, 문득 치료를 받을 때 사용하는 막대처럼 길게 생긴 수정막대가 궁금해졌다. 그녀는 수정막대를 아주 소중하게 다루는 것 같았다. 이 수정막대의 역할이 무엇일까? 쿠마리는 처음 사람들을 치료하기 시작할 때 알게 된 노인이 준 금 막대와는 다른 것이라고 했다. 처음 치료를 시작할 때 수정막대로 배꼽 주변을 누르며 자극할 때 너무나 아팠는데 오늘은 아프지 않은 것이 무엇을 의미하는지, 어떤 효과가 있는지 물어보았다.

"당신에게 있는 나쁜 에너지들이 많이 빠져나갔기 때문입니다. 하지만 모두 빠져나간 것은 아니어서 다시 아플 수도 있습니다. 수정막대는 신과 나의 손을 연결하는 통로 역할을 합니다. 신은 수정막대를 통해 우주의 좋은 에너지를 모아주고 나는 그것을 사람들을 치유하는 데 사용하는 것이죠."

쿠마리는 수정막대에 얽힌 신비한 힘과 인연을 이야기해주었다.

수정막대가 쿠마리에게 온 것은 3년 전 티루반나말라이에 머물고 있을 때였다. 쿠마리에게는 인도인 남자친구인 소울메이트(영적인 친구) 알타프가 있고 미국인 친구 존이 있었다. 존에게는 영적인 능력이 있는 구루(스승) 람(Ram)이 있었다. 람은 세계에 여러 영적인 제자와 자녀를 두고 있는데 존이 그중의 한 사람이었다. 존은 스승에게 쿠마리와 알타프에 대해 얘기를 한 적이 있다. 그러자 람이 쿠마리와 알타프에게 특별한 관심을 보였다.

어느 날 쿠마리는 존의 메일을 받았다.

"내 스승 람의 말씀을 너에게 전한다. 너의 소울메이트가 너에게 특별한 선물을 줄 것이다. 그것은 신께서 너에게 선물한 것이기 때문에 받아들여야 한다. 그 선물은 너에게 아주 중요한 것이다. 미래에 사람들을 위해 그것을 사용하게 될 것이다."

쿠마리는 특별한 선물이 뭘까 궁금했다. 그런데 메일을 읽은 지 1분도 안 돼 알타프에게서 전화가 왔다. 알타프가 쿠마리에게 물었다.

"내가 너에게 선물을 주고 싶은데, 호랑이 눈과 수정 눈 중 무엇이 좋아?"

놀라웠지만 쿠마리는 존에게 메일을 이미 받았던 터라 자신이 받아야 할 선물이라는 것을 알아차렸다. 바로 "수정 눈(수정막대)"이라고 대답했다.

쿠마리는 알타프에게 수정 눈이 어떤 선물이냐고 물었다.

"나는 2, 3년 전 이탈리아 남자와 사업을 함께 한 적이 있지. 그때 우리들의 스승이 우리에게 두 개의 특별한 물건을 주면서 한 개는 너의 아내에게 주라고 말했어. 그 물건들은 이탈리아 친구가 보관했는데, 그때는 그 이야기를 중요하게 듣지 않고 잊어버렸고 그 친구가 팔아버렸다고 생각하고 있었지. 그 후 이탈리아 친구는 본국으로 돌아갔어. 그런데 문득 그 물건이 생각나는 거야. 너를 만난 후 너는 나의 소울메이트라는 것을 알았고 너를 위해 뭔가 주고 싶다고 생각이 들었어. 그때 예전 일이 떠올라 이탈리아에 있는 그 친구에게 전화를 해서 물어봤어. 그 물건 어떻게 했냐고? 그랬더니 그 친구가 가지고 있다는 거야. 나는 너무나 놀랐지. 까마득하게 잊고 있던 물건인데 친구가 간직하고 있었던 거야. 나는 그 친구에게 간절하게 말했어. 그 물건은 내게 꼭 필요하기 때문에 돌려받고 싶다고. 그러자 그 친구가 '걱정하지 마. 내가 기꺼이 보내줄게'라고 했지."

쿠마리와 알타프는 설레는 마음으로 수정 눈을 기다렸다. 그런데 그것을 비행기 편으로 인도로 보내려면 적어도 일주일 이상이 걸리는 데다 혹시 파손될까 걱정이 되었다. 알타프는 어떻게 해서든지 그것을 돌려받고 싶은 마음에 비행기로 보내달라고 할 수밖에 없었다. 그런데 공교롭게도 이탈리아에서 곧바로 연락이 왔다. 이탈리아 친구의 친구가 인도 남부 첸나이를 가게 됐으니 그 인편에 수정 눈을 보내주겠다는 것이었다.

알타프는 버스로 여섯 시간 걸리는 첸나이 공항으로 가서 이탈리아 친구가 보내준 수정 눈을 받아 가지고 티루로 돌아왔다.

쿠마리는 존에게 메일을 보냈다. 존이 얘기한 특별한 선물이 수정 눈이 맞는지 확인하고 싶었기 때문이다. 그러자 존은 수정 눈을 사진 찍어 메일로 보내달라고 했다. 존이 하라는 대로 사진을 찍어 존에게 보냈고 존은 그 사진을 자신의 구루 람에게 보여주었다.

영적인 힘이 있는 람은 어디든 오고 갈 수 있는 사람이었다. 일반인들의 눈에는 보이지 않지만 특별한 에너지가 있는 사람들끼리는 그가 오고 가는 것을 느낄 수 있다고 했다. 북인도에 머물고 있던 람은 사진을 보고 바로 수정 눈이 있는 인도 남부 티루반나말라이에 와서 기도를 해주었다.

"너에게는 특별한 힘이 있다. 그 힘은 많은 사람들을 치유할 것이다. 앞으로 나는 항상 너와 함께할 것이다. 너는 나의 자랑스러운 딸이다."

비록 영혼의 목소리였지만 람이 이렇게 말하는 것을 들었다. 이때 람은 그녀에게 '쿠마리'라는 이름을 지어주었다. 쿠마리는 인도 어느 지방의 언어인데 '공주'라는 뜻을 갖고 있다고 했다. 알타프와 쿠마리는 그 후 람이 자신들 주변에 늘 함께하고 있다는 것을 느끼면서 살게 되었다.

이것을 계기로 쿠마리는 존의 구루였던 람을 영적인 아버지로 여기게 되었고 람은 그녀가 도움이 필요할 때마다 나타나 돕곤 했다. 수정 눈은 특별한 에너지를 갖고 있어 사람들을 치료하는 기적을 이루어주었다.

마치 판타지 영화 같은 이야기지만 나는 수정 눈의 신비한 힘을 체험하고 있는 사람으로서 그녀의 이야기가 감동적으로 다가올 수밖에 없었다.

외로운 마음이 빠져나가다

쿠마리가 우리 집에 온 지 9일째 되는 날이다. 오늘도 어김없이 치료가 시작되었다. 치료를 마치고 나온 쿠마리가 "오늘은 특별한 날이다. 테리의 몸속에 있던 외롭고 슬픈 마음이 빠져나갔다"고 말했다.

너무 기뻤다. 쿠마리에게 감사하다는 말을 여러 번 했다.

마침 출근하지 않는 토요일이었다. 우리는 파티를 하기로 했다. 바로 제과점에 가서 테리가 좋아하는 작은 생크림 케이크를 하나 사 왔다.

우리는 식탁에 둘러앉아 촛불을 켜고 쿠마리와 신께 감사하는 마음을 전했다.

"테리의 치료가 끝난 것인가요?"

"그렇지 않습니다. 외로운 마음보다 나쁜 에너지를 치료하는 것이 더 중요한 일입니다. 나쁜 에너지는 불안과 공포, 두려움을 먹고 싶니다. 사람이 어떤 경험을 통해 두려움과 불안을 느끼게 되면 나쁜 에너지는 좋아하겠죠? 자신의 먹잇감이 생겼으니. 테리에게 그동안 쌓인 나쁜 에너지란 그런 것입니다. 무서워하고 두려워하고 불안해했던 마음의 앙금이 나쁜 에너지가 되어 몸 구석구석에 쌓이기 시작했습니다. 이것이 커지면서 마음을 지배하고 행동을 통제해 사람들을 움츠러들게 만듭니다. 나쁜 에너지를 내보내고 좋은 에너지를 새롭게 넣어주는 치료를 해야 합니다. 늘 강조했지만 함께 노력해야 하는 일입니다."

아직 치료는 끝나지 않았지만 나는 요 몇 달 간 테리를 가장 힘들게 했던 외롭고 슬픈 마음이 빠져나갔다니 한시름 놓았다. 나쁜 에너지의 실체가 사람에게 얼마나 나쁜 영향을 미치는지 몸으로 느끼고 있는 중이지만 이날만큼은 테리의 치료가 다 끝난 것마냥 기분이 좋았다.

우리는 생크림을 나눠 먹으며 이 순간을 서로 축복해주었다.

"감사해요. 오늘은 너무나

평온했어요."

그녀도 "당신이 많이

좋아졌습니다"라고 말하며

나를

안아주었다.

몸이 원하는 것

해가 바뀌자마자 테리는 수영장에 다니기 시작했다. 운동 부족이 테리가 지금 마음의 병을 앓게 된 것과 무관하지 않다는 것을 이제야 인식한 것이 아쉽지만 지나간 일은 어쩔 수 없었다. 이제라도 무엇보다 중요한 게 운동이라는 것을 깨달은 걸 다행스럽게 여길 수밖에 없다. 수영을 시작하고 나서부터 테리가 바빠졌다. 우선 매일 외출을 하느라 번잡해졌고 덕분에 외로울 경황이 없어진 것처럼 보였다.

생각해보면 작은 것 하나를 포기하면 더 큰 것을 얻을 수 있는데, 나는 너무 많은 것을 다 취하고 싶어 욕심을 내다 중요한 것들을 망치곤 했다. 테리가 수영을 하고 싶어 했을 때 대학입학시험에 대한 욕심 때문에 반대한 경우가 그랬다. 그러면서 손쉽게 할 수 있는 운동인 줄넘기나 달리기 등을 권했다. 그런 운동은 매일 습관을 들이는 것이 어렵다는 것을 누구보다 잘 알고 있으면서도 말이다. 결국 테리는 1년이라는 시간을 뒤로 미뤄야 하는 대가를 치러야 했다. 만약 그때 엄마로서의 욕심을 버리고 테리가 원하는 대로 수영을 보내주고 테리가 원하는 방법대로 믿고 맡겼다면 과연 지금 같은 마음의 병을 앓게 됐을까 의구심이 생기기도 한다. 내가 그런 자책에 사로잡혀 있을 때 쿠마리의 말은 늘 위로가 되었다.

"과거를 돌아보며 자책하는 것은 가장 어리석은 일입니다. 자식이 잘못되기를 바라는 부모는 없습니다. 단지 마음처럼 되지 않은 것뿐이죠. 당신에게 더 많은 것을 알게 해주려는 신의 뜻이었다고 생각하세요. 이보다 더 큰 고통을 막기 위해서라고 말입니다. 앞으로 같은 일이 반복해서 일어나지 않도록 노력하면 되는 일입니다."

가슴에 화가 쌓여 있는 테리에게 수영은 제격이었다. 수영이라는 종목이 운동량이 많아 물속에서도 땀을 충분히 뺄 수 있었다. 또 가슴이 답답한 테리가 화를 삭이기 위해서는 물이 필요했다. 화와 물의 만남은 테리의 몸을 균형 있게 만들어주었다. 테리가 다른 운동에 비해 유난히 수영을 원했던 것은 테리의 몸이 물을 원했기 때문이었다. 지극히 자연스런 욕구였다. 화가 가득해 물을 부어 식혀주지 않으면 그것이 몸의 균형을 깨 신체의 리듬을 망가뜨리게 되는 셈이다. 이런 현상이 과학적으로 맞는 것인지는 모르겠지만 우리 몸의 생태 기능을 살펴보면 그럴 수 있다 싶었다.

나는 그런 본능적인 생태적 욕구를 외면했고 그것을 극복하지도 해결하지도 못한 테리는 화가 극에 달하면서 짜증과 외로움이라는 마음의 병으로 발산한 것이다.

쿠마리는 늘 강조한다. 사람의 몸인 육체와 정신은 늘 함께 평행선으로 간다고. 몸이 건강해야 마음도 건강하다는 말이다. 적당한 활동과 음식물 섭취로 육체의 균형을 이뤄줘야 마음의 균형도 망가지지 않는다는 논리가 테리에게 해당되는 셈이다.

테리에게 중요한 것은 몸이 원하는 것을 한 가지씩 채워주는 일이다. 운동도 마찬가지다. 테리의 몸이 원하는 것이 결국 테리에게 꼭 필요한 운동이었다. 테리가 원하는 운동으로 몸의 근육을 움직여주고 몸 안의 노폐물을 땀으로 내보내야 했다. 테리에게는 규칙적인 운동이 절대적으로 필요했다.

내 몸도 늘 운동을 원하고 있다는 것을 느끼고 있었다. 하지만 게으른 근성은 운동을 생활화하는 것이 쉽지 않았다. 어떻게 하면 이 오랜 습성을 고쳐볼까.

나보다 급한 테리가 우선 수영을 시작했고 수영을 시작한 후 테리는 나날이 좋아졌다. 나는 스펀지와 산책하는 것을 시작으로 운동을 생활화하려고 노력하는 중이다.

엄마라는 존재

쿠마리의 둘째딸 메이에게서 좋지 않은 소식이 날아왔다. 메이는 2년 전 특별한 병을 앓았고 그것을 어렵게 치료했는데 같은 병이 다시 발병했다는 것이다. 쿠마리는 둘째딸에게 화가 단단히 난 것 같았다. 걱정돼서 물었다.

"대체 무슨 병이죠? 치료가 어려운가요?"

"메이는 나이가 어리지만 생활이 방탕하고 몸이 정숙하지 않은 편입니다. 그래서 몸에 더러운 에너지가 가득하죠. 그것이 염증이 되어 몸 밖으로 드러난 것입니다."

쿠마리는 메일로 보내온 메이의 사진을 보여주었다. 차마 눈뜨고 볼 수 없었다. 메이의 몸 전신에 염증이 솟아나 있었다. 다리와 배 등에 특히 심했다. 병원에 다녀보았지만 치료가 되지 않자 메이는 다시 엄마에게 치료해달라며 메일을 보낸 것이다.

"어머, 어쩌면 좋아. 빨리 병원에 가야죠."

"이런 증세가 두 번째예요. 처음에 무척 힘들게 치료했는데 메이가 엄마 말을 믿지 않았기 때문에 다시 재발한 것이죠."

쿠마리는 우리를 치료하는 과정에서 오래된 에너지, 나쁜 에너지라는 말을 종종 사용했다. 그런데 이번에는 더러운 에너지라는 말을 사용했다. 이들 말은 조금씩 동기가 다를 뿐 비슷하게 출발한다.

마음의 병을 앓고 있는 사람들 대부분은 몸속에 나쁜 에너지가 가득하단다. 이것을 밖으로 내보내고 새로운 에너지를 넣어주어야 치료가 되고 치료 후에 다시 재발하지 않기 위해서는 삶의 패턴을 바꿔야 한다고 했다. 신을 믿고 존경하며 순수하고 맑은 영혼을 유지하는 것이 무엇보다 중요했다. 그래야 지속적으로 몸과 마음이 평화로울 수 있다는 것이다. 그렇지 않을 경우 신은 끊임없이 그 사람을 시험하고 어떤 식으로든 고통을 주어 다시 신의 존재를 깨닫게 한다는 것이다.

사람은 살아가면서 누구나 좋은 일, 좋은 생각만 하지는 않는다.

부정적인 생각, 남에게 해가 되는 행동을 했을 때 그것이 누적되면 나쁜 에너지가 되는 것처럼 불안해하고 두려워하는 마음도 나쁜 에너지의 먹잇감이 된단다. 완전한 사람이 없기 때문에 누구나 몸에 그런 나쁜 에너지가 축적된다는 것이 그녀의 말이다. 그러나 어떤 사람들은 기도를 많이 하거나 운동을 열심히 하거나 선행을 많이 베풀어 나쁜 에너지들을 밖으로 내보내는데, 그렇지 못하고 머릿속에 생각만 가득한 사람들은 그것을 내보내고 새로운 에너지를 받아들이는 방법을 모른다. 그럴 경우 오래된 기운들이 가슴에 쌓이기도 하고 머리에 쌓이기도 한단다.

딸 메이도 마찬가지였다. 우리 집에 다녀간 큰딸 유이키는 엄마의 존재를 인정하고 존경하며 늘 긍정적인 생각을 하는 반면 둘째딸 메이는 늘 불평불만이 많은 편이고 엄마를 믿고 존경하지 않았다.

메이가 처음 발병했을 때 쿠마리는 인도에 있었다. 메이는 일본에서 유명한 전문 병원을 찾아갔지만 특별한 병명이 나오지 않았고 오랜 시간 치료를 계속했지만 좋아지지 않았다. 엄마가 주의하라고 했던 일을 지키지 않고 제멋대로 행동하던 딸에 대해 화가 났지만 그렇다고 딸을 내팽개칠 수는 없는 노릇이었다.

그녀는 소울메이트와 존, 아버지 람 등의 도움을 받아 멀리 인도에서 메이를 치료했다. 얼마 후 메이의 몸이 완전히 나았다는 연락을 받았다. 그녀는 신께 감사드렸고 아버지 람과 람의 스승들에게도 감사하다는 말을 전했다. 그들은 신에 대한 그녀의 믿음이 딸 메이를 치유해준 것이라고 말했다.

그러나 메이는 엄마에 대한 믿음이 없었고 신을 존경하고 감사하는 마음도 없었다. 엄마의 조언을 듣지 않았고 집 안 청소나 몸을 깨끗하게 하라는 충고도 지키지 않고 오히려 반발심만 보였다. 생활태도가 달라지지 않자 2년이 지난 지금 다시 메이에게 같은 질병이 찾아온 것이다.

"두 번째 고통을 통해 메이는 비로소 엄마를 이해하고 신을 존경하게 되겠군요?"

"그렇겠죠. 메이의 사진을 보면 엄마로서 가슴이 아픕니다. 그러나 어떤 때든지 신은 완벽하다는 생각을 합니다. 고통을 통해서도 중요한 것을 깨닫도록 합니다. 지금 나는 당신을 치료하고 있지만 나도 신께 진심으로 감사하게 생각하고 있습니다. 왜냐하면 나는 하느님의 중재로 사람들을 도와야 하는 책임이 있는데 당신을 만나 하느님과의 약속을 지킬 수 있게 된 거죠."

스카이프를 통해 쿠마리와 대화를 나누면서 메이는 많이 울었다. 처음 발병했을 때는 신의 도움에 대해 대수롭지 않게 생각하더니 다시 발병하자 정말로 자신이 벌을 받은 것 같다며 깊이 반성한다고 고백했다. 쿠마리는 엄하게 딸을 꾸짖었다. 엄마의 말을 듣지 않은 것과 자기 관리를 잘하지 않은 것을 꾸짖으며 달라지지 않는다면 다시는 엄마가 너를 도울 수 없다고 단호하게 말했다.

메이는 그제야 깨달았다. 나쁜 에너지가 얼마나 위험한 일인지. 메이는 깊이 반성한다고 말했다. 쿠마리는 람과 알타프에게 이 같은 사실을 전달하고 함께 기도로써 메이를 치료하기 시작했다.

그 모습을 보면서 딸을 가진 엄마 마음이 다 같다는 생각이 들었다. 세상 밖에 나선 딸이 물가에 내놓은 것처럼 조심스러운 것이나 세상을 살아가며 나쁜 일보다는 좋은 일에 더 관심을 갖고 살기를 바라는 마음이나. 쿠마리는 정성을 다해 기도했다.

메이의 몸이 점차 좋아지고 있다는 소식이 왔다. 그리고 얼마 후 메이의 몸에 난 발진이 기적처럼 사라졌다는 소식도 들려왔다. 메이도 달라졌다. 병은 메이를 변하게 해준 신의 선물이었다.

집착은 만병의 원인

테리가 친구들과 안면도로 여행을 떠났다 돌아왔다. 중학교를 졸업한 후 한국 친구들과 처음으로 간 여행이다.

테리가 없는 동안은 나도 치료를 받지 않았다. 쿠마리와 시외로 드라이브를 다녀오고 친구를 불러내 함께 노래방에 가기도 했다. 테리가 없는 시간들이, 마음이 새털처럼 가볍다는 생각이 들었다. 쿠마리에게 이런 마음을 털어놓았다.

"테리가 없으면 못 견딜 것 같으면서 막상 테리가 없으니 이렇게 마음이 가벼워요. 모순적인 생각이죠?"

"당신에게는 이런 시간이 필요합니다. 테리가 어렸을 때는 그것이 어려웠지만 이제 곧 테리가 당신으로부터 독립하겠죠. 당신은 그것을 자연스럽게 받아들여야 합니다. 내 아이들은 어려서부터 아주 독립적으로 키웠습니다. 사랑하는 것과 자식에게 지나치게 집착하는 것은 다릅니다. 내가 보기에 당신은 사랑보다 집착이 강합니다. 이제는 집착을 버리고 사랑으로 테리를 대하는 노력을 해야 합니다."

오래전 어느 신부님께 들었던 이야기를 쿠마리에게 다시 듣게 되었다. 열흘 이상 나와 테리의 관계를 지켜본 쿠마리가 하는 말이니 틀린 말이 아닌 것은 분명하다.

"어떻게 하는 것이 집착하지 않고 사랑으로 대하는 것인가요?"

"당신의 마음은 테리를 진심으로 사랑하고 있습니다. 하지만 당신에게 집착은 은연중에 습관이 되어 있습니다. 습관은 하루아침에 고쳐지지 않죠. 노력해야 합니다. 서두르지 말고 천천히."

"노력하겠습니다. 제가 제대로 깨달을 수 있도록 그때그때 지적해주세요."

집착은 늘 나의 문제였다. 어떻게 하면 집착하는 근성을 고쳐볼 수 있을까, 고민해보았지만 잘 되지 않았다. 만약 누군가 그때그때 나의 행동을 지적하면서 집착이 바로 그런 것이라고 꼬집어 말해준다면 좀 더 쉽게 고칠 수 있을 것 같았다.

여행에서 돌아온 테리는 그 여행이 그렇게 좋지는 않았던 것일까. 생각보다 일찍 돌아와 피곤하다고 늘어져 있다. 오히려 기분이 가라앉은 것처럼 마음이 즐거워 보이지 않았다. 나는 마음이 쓰여 자꾸만 말을 걸었다.

"왜 무슨 일 있었니? 싸웠어?"

"우리가 애야, 싸우게. 그런 거 아냐."

"그럼 왜? 바다를 보고 왔으면 기분이 더 좋아져야지?"

"그럴 수도 있지. 나 좀 내버려둬."

기분을 풀어주고 싶었다. 테리가 즐겁지 않으면 집안이 다 어두워졌고 내 기분마저 우중충해졌다. 그게 싫었다. 어떻게든 테리가 웃어야 할 것 같아 테리에게 다가가자 더 짜증을 부렸다. 결국 이런 테리의 행동으로 나는 다시 상처받고 어떻게든 이 상처를 회복하기 위해 테리에게 다시 접근했다. 하지만 테리는 끝내 기분을 풀지 않았다.

테리의 짜증은 계속됐고 밤에는 배에 가스가 가득해 불쾌해서 잠을 잘 수 없다고 했다. 곁에서 걱정하다 나도 모르는 사이 잠들고 말았다.

이튿날 아침 우리는 치료를 받지 않았다. 테리의 몸 상태가 심상치 않았기 때문이다. 어제 밤부터 배가 가스로 가득 찼다고 하더니 오늘은 더 심해져 배에서 목까지 열이 가득한 느낌이라며 괴로워했다. 특이한 것은 다리도 제대로 펴지지 않는다고 했다. 씻지도 못하고 누워 있으니 쿠마리가 내버려두라고 했다. 밥도 먹을 수 없겠다고 해 죽을 쑤어주었다. 소화제를 먹일까 했지만 쿠마리가 약을 먹이지 말라고 충고했다.

출근해야 하는 시간인데 테리의 몸 상태가 걱정돼 안절부절못하고 있는 내게 쿠마리가 말했다.

"테리는 걱정하지 말고 출근하세요. 당신이 곁에 있다고 해서 도움이 되지 않습니다. 테리가 말하고 싶어 하지 않을 때는 시간이 지나가도록 기다려주세요. 당신의 그 행동은 테리를 위해서가 아니고 당신의 감정조절이 안 되기 때문이죠. 그게 바로 테리를 사랑하는 게 아니고 집착하는 행동입니다. 당신의 그런 행동이 오히려 테리를 더 힘들게 합니다. 시간이 지나면 좋아질 거예요. 나쁜 에너지가 몸에서 빠져나오려고 하는데 길을 찾지 못하고 있어요. 목에까지 다다랐지만 작은 구멍으로 나올 수 없어 힘든 거죠. 나쁜 에너지가 잘 나갈 수 있도록 출구를 만들어줘야 합니다. 오늘 하루 쉬고 내일부터 다시 치료 받으면 좋아질 거예요."

수영장에도 가지 못하고 몸이 축 처져 있는 테리를 두고 나는 출근했다. 밖으로 나오니 오히려 살 것 같았다. 어제부터 내 행동을 관찰하며 아무 말도 하지 않고 있던 쿠마리가 제대로 정곡을 찌른 것이다. 무안했지만 스스로 인정하지 않을 수 없었다. 늘 테리 곁에서 벗어나지 못하고 전전긍긍했던 지난날들이 떠올랐다.

다른 집 어느 모녀보다 테리와 나의 관계가 좋다고 생각해왔다. 테리의 말에 귀 기울여 들어주고 의견을 늘 존중해주는 민주적인 엄마라고 생각했다. 그런 좋은 엄마인 반면 늘 함께하는 시간이 많다 보니 테리로 인해 고단하다는 생각을 할 때가 많았다. 옆에 없으면 뭔가 허전하면서 함께 있을 때는 짐처럼 느껴지기도 했다. 때로는 좋은 친구이면서 연인 같기도 한 특별한 모녀 관계지만 서로에 대한 지나친 의존으로 서로를 부담스러워할 때가 있다.

테리가 어린 시절에는 나와 떨어지는 것을 불안해했지만 성장해 사춘기를 지나면서부터는 그 불안이 자연스럽게 해소되었다. 오히려 보통의 사춘기 아이들처럼 엄마의 간섭이나 집착을 부담스러워했다. 그럼에도 불구하고 나는 늘 같은 모습으로 테리 곁에 머물러 있다. 테리는 나날이 변하며 성장하는데, 나는 테리에게 열 살 아이의 엄마로 남아 있는 것 같은 모습이다.

쿠마리 말처럼 이제는 테리를 사랑하는 방법을 바꿔야 했다. 무조건적인 엄마의 헌신만이 테리를 위하는 것이 아니라는 것을 알면서도 잘 실행이 안 된다. 테리와 거리를 두고 객관적으로 바라볼 수 있어야 하는데 은연중에 집착이 습관이 돼 고쳐지지 않았다. 테리의 행동 하나하나, 말 한마디 한마디에 예민하게 반응하며 일일이 대응하기보다는, 한걸음 물러서서 한 템포 늦춰 결정하고 행동하라는 쿠마리의 조언을 새기고 또 되새겨본다.

집착이 만병의 원인이라고 했다. 돈, 권력이나 명예, 자식이나 사랑하는 연인에 대한 집착, 물건에 대한 집착이 마음의 병을 만든다. 그러나 마음은 이 모든 집착에서 벗어나고 싶다. 나 아닌 타인에 대한 집착보다 타인을 자유롭게 인정하며 객관적으로 바라보고 싶은 마음이 굴뚝같지만 오랜 습성을 버리지 못하고 있다.

집착을 내던지고 온전히 자유롭게 객관적인 시선으로 테리를 바라보는 것이 쿠마리와 함께하는 동안 내가 이루어야 하는 일이다. 이 또한 꼭 이루어야 한다는 집착에서 출발하는 것을 그녀는 경계한다.

서두르지 않으리라. 내 문제가 무엇인지 알게 됐고 옆에서 그것을 하나하나 지적하며 고쳐줄 수 있는 천사를 만났다는 것만으로 우선은 충분하다.

퇴근하고 돌아왔는데 테리는 한결 좋아 보였다. 아침에 그렇게 불편해 보였던 모습이 언제 그랬냐 싶게 편안해 보였다. 테리 곁에서 전전긍긍대는 것보다 무심한 척, 모른 척하고 시간을 지내보니 오히려 테리가 내게 다가와 부드럽게 말을 걸었다.

"어제는 좀 그랬어. 엄마가 이해해줘. 친구들을 너무 오래간만에 만났나봐. 공감대가 없었어."

"그랬구나. 엄마도 미안."

이튿날 테리는 기분 좋게 치료를 다시 시작했다.

도움을 청하는 용기

한차례 폭풍우가 다시 지나간 것 같았다. 폭풍 뒤에는 반드시 고요가 찾아온다는 자연의 순리처럼 지난 며칠간 테리를 힘들게 한 고통도 지나간 듯했다. 테리는 평상시와 같이 고요해져 수영장에 가고 독서와 영화를 보며 하루 일상을 잘 지냈다.

친구들과 여행을 다녀온 후 뜻하지 않은 고통을 맞닥뜨린 테리는 이번 일을 계기로 쿠마리의 치료에 대해 좀 더 긍정적인 신뢰를 갖게 되었다.

"엄마, 실은 쿠마리와 지내는 것이 좀 불편했어. 처음에는 몰랐는데 시간이 지나면서 우리 집에서 누군가와 함께 지낸다는 게 부담스러웠어. 어려운 형편에 엄마가 지불하는 치료 비용도 걱정됐고. 어떻게 말로 표현해야 할지 몰랐지만 마음속에 불평불만이 가득하다 보니 괜스레 밥을 먹어도 체하는 것처럼 가슴이 답답하고 몸이 내 마음처럼 움직여지지 않는 것 같았어. 그런데 참 신기하지? 내 몸이 고통스러워지자 나도 모르게 다시 쿠마리에게 의지하게 되면서 도와달라고 말했어. 그러니 마음도 몸도 편안해지더라."

"그래. 어떨 때는 내 마음조차 내 마음대로 안 될 때가 많아. 네 마음을 이해해. 엄마도 때로 그런 마음이 들기도 했어. 하지만 입장을 바꿔 생각해보자. 바다 건너 가족들을 두고 우리를 위해 우리 집에 머물고 있는 쿠마리는 얼마나 불편하겠니? 먹는 것이나 언어가 아무 문제없다고 하지만 자기네 집에서 먹고 생활하는 것과 비교하면 참고 견뎌야 하는 부분이 많겠지. 그런 거 생각하면 우리가 쿠마리에게 더 감사해야 해."

"알아."

며칠 아팠던 테리는 한층 성숙해진 것처럼 의젓해 보였다.

테리가 겪었던 갈등과 고통이 어디 테리만 그랬을까. 나 역시 비슷한 갈등을 수시로 겪고 있다. 우리 가족이 아닌 타인이 함께 지낸다는 일이 쉬운 일은 아니었다. 식탁에 올려야 할 반찬이며 집안 청소며, 말과 행동이 자유롭지 못하다는 것이 마음속에서 갈등을 일으켰다.

하지만 우리가 겪었던 지난 시간의 고통이나 쿠마리의 입장을 생각해보면 단 한순간도 쿠마리의 존재를 불편해해서는 안 되는 일이었다. 그것을 알면서도 지난 고통을 잊고 순간의 불편함만을 들춰내곤 한다. 인간의 이기심이란 이렇게 쉽게 드러난다.

테리와 나눴던 얘기를 쿠마리에게 털어놓았다.

"당신 마음을 이해합니다. 충분히 그런 생각을 할 수 있죠. 테리는 이번 일을 계기로 치료를 더 잘 받아들이게 되겠죠. 당신의 생각을 내게 말해준 것도 고마워요. 인간은 너무나 하찮고 무기력한 존재죠. 혼자 힘으로 이룰 수 있는 것이 없습니다. 신이 도와야 하고 천사가 도와야 하는 일이 많습니다. 도움을 청할 수 있는 것도 용기 있는 일이에요."

아직 치유가 끝나지 않았지만 이미 치유가 다된 것처럼 초심으로 돌아가야 하는 일들을 종종 겪는다. 벼랑 끝에 선 것처럼 우리의 삶에 위기가 닥쳤다고 생각했을 때 소냐를 떠올렸고 도움을 청할 수 있었던 처음을 생각하면 어떻게 도움을 청할 용기를 냈을까 싶다.

그것은 자존심을 버려야 하는 일이었다. 내 치부를 드러내고 내 아픈 곳을 누군가에 온전히 드러내 보이는 일이었다. 그런 일을 주저 없이 선택하고 천사의 손을 잡을 수 있었던 것은 큰 용기였다.

세상에는 혼자 힘으로는 불가항력인 일들이 많다. 안간힘을 쓰면 쓸수록 상처에 소금을 뿌리는 것처럼 더 아픈 경우도 많다. 테리가 지금처럼 아플 때는 소리도 지르고, 누군가에게 손을 내밀기를 바란다. 아파보고 치유 받아본 사람만이 다른 아픈 사람을 알아볼 수 있고 그들을 향해 마음을 열 수 있기 때문이다.

"어제는 좀 그랬어. 엄마가 이해해줘.
친구들을 너무 오래간만에 만났나봐.
공감대가 없었어."

"그랬구나. 엄마도 미안."

간절함으로 가능한 소통

우리는 서로 완전하지 않은 영어 문장을 사용하며 대화를 나눴다. 테리 말에 의하면 쿠마리는 일본식 영어를 사용하고 엄마는 한국식 영어를 사용하는데 신기하게도 서로는 의사소통에 전혀 문제가 없다는 것이다. 정통 영국식 미국식 영어를 구사하는 테리에 비하면 우리 둘의 영어 실력은 보잘것없다. 그렇지만 신기하게도 서로 소통이 되었다.

쿠마리는 나보다 나이가 어리지만 테리보다 나이가 많은 아들을 포함해 자녀 셋을 두었다. 자식을 키우는 엄마라는 공통점은 적어도 자식 이야기를 할 때는 국가가 다르고 사용 언어가 달라도 어떤 말이든 다 알아들을 수 있다.

테리를 키우며 울고 웃던 이야기들이나 쿠마리가 아이들을 키우며 겪었던 모든 일들이 크게 다르지 않았다. 물론 아이를 키우는 방법은 달랐다. 내가 테리의 행동 하나하나에 예민하게 반응하며 전전긍긍하는 것에 비해 쿠마리는 대범하고 단호했다. 내가 아이의 행동이 마음에 안 들면 화를 내는 것에 비해 쿠마리는 잘못된 것을 지적하며 꾸짖는다고 했다. 그렇게 키워온 결과가 쿠마리의 아이들은 독립심이 강하고 테리는 아직도 부모에 의존하는 어린아이인 것이다. 실은 어린아이라고 생각하는 것도 내 관점이고 실제는 그렇지 않다. 테리는 얼마든지 독립적으로 생활할 수 있고 그럴 준비도 돼 있는데, 엄마인 내가 아직도 아이 취급하고 있다는 표현이 맞다.

우리는 주로 식탁 앞에서 밥을 먹고 난 후에 설거지를 미루고 주로 이야기에 빠졌다. 한두 시간씩 수많은 이야기를 하지만 이야기가 끝나고 나면 몇 가지로 반복되고 압축된다. 이런 것도 한국의 여자들이 모여 수다를 떨 때와 크게 다르지 않다.

종종 그녀의 소울메이트 알타프에 대해 이야기할 때가 있다. 우리에게 쿠마리는 천사지만 그녀는 한 여인이기도 하다. 사랑에 대해 관심이 많고 사랑을 이야기할 때 모습은 참 행복해 보인다. 쿠마리는 지금 한국에 있고 소울메이트는 인도에 있다. 그럼에도 둘은 늘 같이 있는 것 같다. 대체 둘은 어떻게 소통하는 것일까?

"멀리 떨어져 있는 사람과 늘 곁에 있는 것처럼, 그게 가능한가요?"

"당연하죠. 서로 몸은 다르지만 영혼이 소통하기 때문에 우리는 같은 감각을 갖고 있습니다. 비록 몸은 떨어져 있지만 영적으로 맺어진 관계라 그 사람이 슬플 때나 기쁠 때나 다 느낄 수 있죠. 한마음인 거죠."

쿠마리는 티루반나말라이에서 소울메이트를 처음 만났다. 소울메이트인 알타프는 여행자들을 상대로 옷을 파는 일을 하고 있었다. 그가 운영하는 옷가게를 처음 갔을 때 쿠마리는 그가 자신을 자석처럼 끌어당기는 느낌을 받았다. 그것은 그도 마찬가지였다. 둘은 어떤 힘에 의해 서로를 잡아당기고 있었다.

그녀는 알타프와 자주 만나면서부터 영어 실력도 하루가 다르게 늘었다. 영어라면 '굿모닝'이나 '헬로'가 전부였던 그녀가 단 며칠 만에 그가 하는 말을 잘 알아들을 수 있게 되었다. 쿠마리는 기적이 아니면 있을 수 없는 일이라고 여겨졌다. 그래서 알 수 없는 힘이 둘을 엮어주었다고 생각했다.

그러던 어느 날 존을 통해 람으로부터 연락을 받았다.

"내가 너의 소울메이트를 찾아 너에게 보내주었다. 네가 만나고 있는 남자 알타프가 너의 소울메이트다. 나는 거지의 몸속으로 들어가 알타프에게 찾아갔다. 그 녀석이 너의 소울메이트가 될 수 있는지 없는지 테스트해보기 위해서다. 결론부터 말하자면 그 녀석이 너의 소울메이트다. 거지 차림으로 알타프를 만났을 때 알타프는 내가 마음 상하지 않도록 조심스럽게 도움을 주었다. 그것은 일차적으로 통과한 것이다. 앞으로도 나는 수시로 그 녀석을 시험할 것이다."

쿠마리는 그 후 알타프에게 물어보았다.

"혹시 거지가 당신을 찾아온 적이 있니?"

"티루에는 거지가 많아 어떤 이들은 거지처럼 보이지만 평생 수행자로 사는 사람들이기도 하지. 그렇기 때문에 나는 거지들을 함부로 대하지 않는다. 그들도 같은 인격체로서 존중할 뿐이지."

그 후 알타프와 쿠마리는 자연스럽게 가까워졌고 사랑하는 사이가 됐다. 이 일은 쿠마리가 알타프에게 수정 눈을 받기 직전의 일이다.

"참 신기한 일이었어요. 영어를 한 줄도 구사할 줄 모르던 내가 알타프를 만나면서부터 영어로 말하는 말문이 트였죠. 나는 알타프와 소통하는 데 전혀 문제가 되지 않았어요. 물론 알타프를 만난 것은 나의 영적인 아버지 람 덕분이지만 운명이기도 합니다."

나 역시 신기한 경험을 하고 있다. 내가 외국 여행 경험이 많은 것은 사실이지만 여행 중에 영어로 사람들과 소통하며 지내는 것이 어려워 쉽게 다가가지 않았고 기회가 생겨 서로 대화를 나누다 보면 어느 순간에 말문이 막혀 "내가 영어가 부족하다. 미안해" 하며 이야기를 매듭짓기 일쑤였다.

그런 내가 쿠마리와는 영어로 몇 시간씩 이야기를 나누며 쿠마리의 말을 이해하고 내가 하고 싶은 말을 그녀에게 고스란히 전달할 수 있다는 것이 신기했다. 처음 며칠간은 늘 테리가 곁에서 통역을 해주었는데 그것이 오히려 번거롭고 피곤했다. 나만 피곤한 것이 아니라 중간 역할을 해주는 테리가 더 피곤해했다. 그러다 언젠가부터 나 스스로 말을 하게 되자 마치 오랫동안 대화를 나누었던 사이처럼 말문이 트였다. 정확하지 않은 영어라는 것을 의식했지만 그것을 두려워하지 않게 되자 의사 전달하는 데 전혀 문제가 되지 않았다.

그녀도 테리를 중간에 놓고 나와 의사소통하는 것보다 직접 대화를 나누는 것을 더 편안하게 받아들였다. 그 후로는 테리가 통역할 필요가 없어졌다.

소통이라는 것이 별게 아니라는 생각을 한다. 서로 간절할 경우, 마음을 주고받을 수 있다면 언어나 거리는 장벽이 되지 않는다. 우리가 서로 소통할 수 있는 것도 영어 구사 능력보다는 뭔가 서로 정신적으로 이끌어주는 어떤 힘에 의한 것이라는 생각이 들었다. 간절히 원하거나 절실하면 말의 소통 정도는 아무것도 문제될 게 없었다. 알타프가 늘 그녀 곁에 머문다는 것을 이해할 수 있었다.

만트라

치료는 계속되었고 테리와 나의 컨디션은 들쑥날쑥했다. 어느 날은 좋아져 치료가 다된 것 같은 기분이 들다가 바로 이튿날 다시 뜻하지 않은 상태로 기분이 침체되는 것을 경험하곤 했다.

이 변덕스러운 상태가 이해되지 않았다. 하지만 쿠마리가 오기 전에도 우리의 감정은 늘 파도를 타듯 했다. 사소한 대화 중에도 우리는 서로에게 종종 화를 냈다. 지나고 보면 결코 화낼 일이 아닌데 말 한마디 한마디나 작은 행동 하나하나에 서로 트집을 잡아 공격을 했다. 마치 오래된 습관처럼. 걱정거리가 있을 때는 더욱 예민하게 되고 그럴 때면 여지없이 테리도 날카로워졌다. 이런 감정 변화가 힘들어 치료를 받고 있는 셈이니 좀 더 시간을 두고 기다려보는 수밖에 없었다. 단지 나 스스로에게 자꾸만 주문을 던져주었다. 여유를 갖고 견뎌보자라고.

고요와 갈등이 반복되는 가운데 어느 날 쿠마리가 우리에게 만트라가 필요하다는 이야기를 했다. 만트라는 말의 뜻은 대략 알고 있었다. 석가의 깨달음이나 무엇인가를 간절히 염원하는 짧은 말. 만트라는 진실해야 하며 신성한 의미를 담고 있어 은밀해야 한다는 것 정도.

그녀는 만트라가 왜 필요한지, 그것의 가치에 대해 설명했다.

"내 몸이 한국을 떠나더라도 나의 분신과 같은 만트라를 지니는 게 필요합니다. 만트라가 당신들에게 대신 역할을 해줄 것입니다. 당신들이 약해지지 않게 도와주는 것이죠. 만트라는 우주의 좋은 에너지를 받아들이고 세상의 나쁜 에너지가 침범하는 것을 막아줄 것입니다."

테리가 먼저 만트라를 받기로 했다. 오전에 치료를 마치고 각자 할 일을 끝내고 난 저녁에 테리는 다시 샤워를 하고 경건한 마음으로 기다렸다. 그녀는 만트라를 만든다며 방 안에서 한참 동안 나오지 않았다. 우리는 조용히 앉아서 기다렸다. 얼마 후 그녀가 나왔다. 쿠마리가 만트라가 담긴 메달을 테리에게 건넸다.

원통형으로 된 금속 메달에 뭔가를 적어 그 안에 넣고 열어볼 수 없도록 했다. 집에 있던 줄 목걸이를 찾아 메달을 달고 테리의 목에 걸었다. 그리고 며칠 후 같은 방식으로 나도 같은 형태의 메달을 받았다. 나도 목걸이를 만들어 걸었다.

원통형의 작은 메달 안에 어떤 말을 써 넣었는지는 알 수 없었다. 만트라는 종종 샤워를 할 때나 평상시에 목줄이 뜬금없이 끊어져 떨어지기도 했다. 그럴 때마다 목줄을 견고하게 만들어 다시 했다. 이 만트라를 지키기 위해 우리는 늘 마음을 썼다.

테리에게 찾아온 평화

테리는 아르바이트를 시작한 후 더 바빠졌다. 시내 샌드위치 전문점에서 오후 다섯 시간 일하는 아르바이트를 시작했다. 수영 끝나고 곧바로 일터로 갔다 밤에나 집에 돌아왔다. 하루는 퇴근길에 잠깐 테리가 일하는 가게에 가보았다. 안에 들어가지는 않고 샌드위치 가게 안에서 열심히 일하는 테리 모습을 바라만 보았다. 테리 모습이 아름다웠다. 샌드위치 가게가 훤해 보였다.

"음, 우리 딸 빛이 나는군" 하며 지나가다 엄지손가락을 세워 보여주며 최고라고 말해주었다. 밤에 테리가 돌아왔을 때 다시 한 번 칭찬해주었다.

"일하는 모습을 보니 네가 제일 예쁘더라."

"고슴도치도 제 자식은 예쁘대."

"아냐. 정말 가게 안이 너 때문에 환하게 빛나는 거 같았어. 일도 잘하는 거 같던데."

"일은 좀 하지. 오늘 사장님한테 칭찬 받았어. 일 빨리 배운다고."

"네가 눈썰미는 있잖아. 아무튼 엄마는 네 모습 보니까 행복하더라."

"알겠어."

오래간만에 테리에게 평화가 찾아온 것 같았다. 이런 얘기 저런 얘기 하며 잠을 청하는데 스펀지가 살그머니 테리 곁으로 와 안겼다. 테리가 스펀지를 사랑스럽게 안아주면서 말했다.

"스펀지 고마워."

테리는 스펀지에게 무엇이 고맙다는 것일까. 함께해주고 있는 오늘일까? 나는 그 모습이 마치 천사들의 대화처럼 너무나 사랑스럽게 느껴졌다.

테리는 점점 부드러워져 갔다.

다 비울 수 있을까

오래전 엄마는 우리 집에 놀러 올 때마다 그림이나 공예품, 전통

가구 등을 사 진열해놓은 것을 보고는 "나는 너희 집에만 오면 심란하다. 저게 다 뭐니? 저런 걸 왜 자꾸 사들여?"라고 했다. 그때는 그것이 잔소리로 들렸다. 그림이나 공예품을 좋아해 여유가 있을 때마다 하나씩 사 모으는 재미가 좋았기 때문이다. 때로는 주머니 사정은 안중에 없이 사고 싶은 공예품이 있으면 구입하곤 했다.

현대 작가들이 창작한 미술작품 외에도 골동품 거리를 일부러 찾아가 맘에 드는 고가구가 있으면 구입해서 정성들여 닦아 놓아두기도 했다. 그렇게 한 개 두 개 사 모으기 시작한 것이 해가 거듭되면서 집 안을 가득 채웠다.

사람의 상황은 늘 예기치 않게 변하는 법. 그 모든 살림살이를 고스란히 두고 2년 반이라는 시간을 두 개의 배낭과 두 개의 작은 가방으로 살았다.

신기한 것은 엄청나게 많은 살림살이와 짊어지고 있던 예술품들이 없어도 살아가는 데 아무런 문제가 되지 않았다는 것이다. 그 많은 물건들과 함께 생활할 때는 그것이 깨질세라 흠집이 날세라 조심하고 조심하며 애지중지했으면서 어느 순간 아무 의미도 가치도 없어져버렸다.

인도에서 돌아왔지만 과거에 애지중지했던 골동 가구와 그림들이 반갑지 않았다. 그 물건들은 있던 자리에 그대로 있지만 지금 살고 있는 집에 가져다 진열하고 싶은 생각이 전혀 들지 않는다. 지금의 단출한 살림살이가 좋다.

이제야 엄마가 잔소리처럼 했던 말들이 절절하게 와 닿는다. 골동품이나 그림이 보고 싶을 때는 박물관이나 화랑에 한 번씩 들르면 되는 것이고 모셔두고 즐기기만 했던 좋은 도자기를 사용하니 설거지하다 하나씩 깨져도 상관없어 자유로워 좋다.

그런 것에 왜 그렇게 욕심을 냈을까. 그럴 돈 있으면 저축을 하든지 불우이웃이나 돕지. 늘 이렇게 혼자 자책하곤 한다.

좋은 것이 있으면 사다 집 안에 들여놓고 싶은 허영심이 있었다. 분수에 맞지 않는 허영심이었다. 인도에서 돌아와 허영심이 줄어들었고 쓸데없는 욕심을 많이 비웠다고 생각했지만 아직도 앙금처럼 남아 있다. 허영심이든, 욕심이든 아직도 다 비우지 못한 것이 수두룩하다.

물건에 대한 욕심이나 허영심은 고쳐진 것 같지만 은연중에 남을 의식하는 허영심은 버리지 못하고 있다. 글 쓰는 일이나, 겉모습에서나 나를 자연스럽게 온전히 드러내지 못하고 치장하고 감추려는 마음이 남아 있다.

물건에 대한 마음만을 비우는 것이 아니라 나의 내면이나 나의 모든 것을 다 내려놨을 때 진정으로 자유로워질 것이라는 걸 안다. 지금보다 더 자유로워지고 싶지만 쉽지는 않다. 이런 고민을 쿠마리에게 털어놓았을 때 그녀는 동문서답 같은 대답을 했다.

"당신이 과거를 잘못 산 게 아니고 당신이 변하고 있는 것입니다. 좋은 징조죠. 당신은 특별한 영혼을 갖고 있습니다. 그것은 아주 강해요. 당신은 지금도 충분히 자유롭습니다. 당신 의지대로 살아가니까요."

좋은 글로 명예를 얻고 싶은 마음, 가족이나 다른 사람에게 경제적인 도움을 받고 싶지 않은 마음, 내 삶이 누추해졌다는 생각. 이 모든 생각이 욕심이고 쓸데없는 자존심이고 자만심이라는 것을 깨닫는 것. 글은 쓰고 싶으면 쓰고 돈이 부족할 때는 아끼고 그래도 꼭 필요할 때는 남에게 도움을 요청할 수 있는 것이다. 삶이 누추해졌다는 생각은 아직도 거만한 마음이 남아 있다는 것을 일깨워주는 것. 그것을 비우고 내려놓으면 지금보다 훨씬 행복할 수 있다는 충고를 덧붙였다.

그녀와 대화를 나누면 늘 위안을 받는다. 과거에 잘못 산 게 아니고 단지 지금 내가 달라지고 있다는 말이 나를 설레게 했다. 희망이 보였다. 그 좋던 예술품들을 굳이 내가 소장하지 않아도 흡족할 수 있는 것처럼 내가 비우지 못하던 '삶의 무게'들을 내려놓을 수도 있을 것 같은, 그래도 삶이 충분히 충만할 수 있을 것 같은 막연한 희망 같은 것이 생겼다.

침묵의 힘

음력으로 새해가 되었고 설 명절을 맞았다. 기름진 음식은 생략

하고 아침에 떡국을 끓여 먹었다. 일본에도 설 명절이 있어 가족들과 음식을 만들어 먹는다고 했다. 점심은 쿠마리와 함께 다같이 외할머니 댁에 가서 먹기로 했다. 차로 5분이면 갈 수 있는 거리인 데다 엄마도 쿠마리를 보고 싶어 해 함께 가기로 했다.

그런데 테리가 브레이크를 걸었다. 갑자기 외갓집에 가고 싶지 않다는 것이다. 명절이라 모여 있는 다른 가족들을 만나는 게 불편하다는 것이 이유였다.

"외삼촌이나 외숙모나 다 너를 보고 싶어 해. 싫어도 잠깐인데 조금 참고 점심만 먹고 오자."

이렇게 설득했지만 테리는 고집을 피웠다. 같은 얘기가 반복됐고 테리는 설득되지 않았다. 나는 급기야 화를 내기 시작했다. 언성을 높이고 테리를 무시하는 막말을 하고. 평상시 테리와 다툴 때 하던 순서고 습관이었다. 화를 내자 테리는 나를 더 이상 상대하고 싶지 않다며 방으로 들어가 안에서 문을 잠가버렸다. 싸움은 더 이상 진전되지 않았다. 싸움 상대를 해주지 않는 테리에게 나는 점점 더 화가 났고 분해서 혼자 안절부절못하며 흥분했다.

나는 내 성격을 스스로 다혈질이라고 정의 내리곤 했다. 작은 일에 쉽게 흥분하고 불의를 보면 참지 못하고 화가 나면 화를 다스리려고 노력하기보다는 참지 않고 즉흥적으로 화를 냈다. 쉽게 화를 내면서 뒤돌아서면 금방 잊어버리는 그런 성격을 오히려 긍정적으로 생각해왔다.

그렇게 수시로 화를 내면서도 가슴 한쪽에 늘 화가 남아 있는 것 같았다. 이렇게 화를 잘 내는 습관은 내 성격처럼 굳어졌고 그 성격으로 인해 가까운 사람들이 상처를 받는다는 것을 언젠가부터 인식하고 있었다. 하지만 쉽게 고쳐지지 않았다. 그동안 화를 어떻게 가라앉히는 것인지 배우려 하지도 않았고 가르쳐주는 사람도 없었다.

물론 성장 과정에서 부모님이 수시로 나의 못된 성질을 지적했지만 고쳐야겠다고 진지하게 고민해본 적이 없다. 특히 엄마에게 화를 자주 냈다. 엄마의 사소한 행동이나 말 한마디 한마디에 트집을 잡아 엄마에게 일방적으로 화를 내곤 했다. 비 오는 날 우산을 들고 학교에 데리러 오지 않는다고 화를 내고 농촌에 살면서도 매일 곱게 화장을 하느라 외판원이 올 때마다 화장품을 산다고 화를 내며 어른 같은 잔소리를 했다. 엄마에 대한 반항심이 커 부모님의 지적이 깊게 와 닿지 않았던 것은 물론이고 그런 성격이 자만심을 키웠다.

이런 나의 가장 큰 결점을 정확하게 지적해준 쿠마리에게 제대로 배워야겠다는 생각이 들었다.

쿠마리의 방을 노크했다.

"화가 나 견딜 수가 없습니다. 어떻게 해야 하죠?"

"우선 냉정해질 수 있는 시간을 가져요. 잠시 침묵하세요. 그런 다음 테리에게 화를 내지 말고 강하게 꾸짖어야 합니다. 당신이 먼저 화를 내는 것은 당신이 약하다는 것을 보여주는 것이죠. 테리가 당신을 만만하게 보는 이유입니다. 당신은 엄마입니다. 당당하고 강한 모습을 보여주세요. 성숙한 어른이라면 차분하게 테리의 잘못을 분명하게 지적하고 엄하게 꾸짖어야 합니다. 설득하려고 하지 말고 엄마로서 당당하게 명령하세요. 테리는 나이에 비해 아직 아이 같은 행동을 하려고 합니다. 지금 모습도 엄마에게 아이처럼 떼를 쓰는 것이죠. 테리는 당신의 아기가 아닌 열아홉 살의 독립된 인격체로서 당신의 딸입니다. 테리에게 아기처럼 대하는 습관을 고치세요. 테리와 대화를 하다 엄마의 요구를 들어주지 않는다고 화를 내는 것은 아이와 기싸움을 하겠다고 덤비는 것이죠. 이기려고 하지 말고 상대방의 의견을 존중해주면서 당신의 의견을 전해야 합니다. 테리를 이기려고 하기 때문에 결국 당신이 지는 것이죠."

그동안 테리와 나의 관계에서 무엇이 문제였는지 정확하게 알게 됐다. 쿠마리가 시키는 대로 하기로 했다. 우선 방에 들어간 테리를 내버려두었다.

얼마간 시간이 지난 후 마음이 침착해지고 가라앉았을 때 테리 방을 노크했다.

테리가 "왜?" 하고 대답했다.

"할 얘기가 있어."

"지금 아무 말도 하고 싶지 않아."

"잠깐이면 돼. 문을 열어."

단호하게 말하자 테리가 문을 열었다.

"설 명절인데 외할머니 댁에 세배하러 가야지."

"지금 가기 싫어. 내일 갈게. 꼭 오늘 가야 할 이유는 없잖아. 엄마 먼저 다녀와."

"안 가도 좋지만 네가 왜 안 가려는지 알아야겠다."

"외할머니는 보고 싶지만 외갓집의 다른 식구들 만나는 게 부담스러워. 내일 외할머니 혼자 계실 때 갈게."

좀 전 다툴 때와 같은 말이 반복됐지만 내가 한 발 물러서 생각해보니 테리 마음도 이해가 되었다. 지금 우리의 마음 상태가 설 명절이라는 형식을 굳이 지켜야 할 만큼 모든 게 안정되지 못한 것이 사실이다. 그런 상황에서 마음이 허락하지 않는 형식을 지켜야 한다는 게 나의 억지라는 생각이 들었다.

"그래? 그럼 그렇게 해. 네 마음도 중요하지만 외할머니가 너를 보고 싶어 하니까 내일은 꼭 다녀와야 한다."

"알겠어."

"그리고 한 가지 엄마가 네게 분명히 말하는데 화가 난다고 해서 문을 닫고 안에서 잠그는 습관은 고쳐라. 다음부터 한 번 더 그러면 봐주지 않을 거야. 너는 아기가 아니야. 엄마와 대화로 해결해야지 문 닫고 들어가버리면 반항하는 아이 같은 거지."

"알겠어."

의외로 대화가 쉽게 풀렸다. 쿠마리가 한 말들이 공감이 갔고 큰 힘이 됐다. 테리와 다투게 되면 테리를 이겨야 한다는 기싸움으로 변해갔고 그러다 보면 내가 먼저 흥분하고 화를 내곤 했다. 그렇게 화를 먼저 내는 밑바탕에는 상대에 대한 두려움이나 이겨야 한다는 강박관념 같은 것이 있었던 것 같다.

이기겠다는 마음을 버리고 나니 화가 나지 않았다. 그리고 테리 편에서 생각하면 외할머니에게 꼭 오늘 가야 할 이유도 없었다. 내가 고집을 피웠던 셈이다.

오래전 내가 테리 나이였을 때 얼마나 엄마에게 그악하게 대들었던가를 떠올렸다. 엄마와 말다툼을 하면 한 번도 지는 법이 없었다. 엄마에게 끝까지 대들고 지적했다. 딸인 내가 엄마를 무시하고 가르치려 들었다. 그렇게 엄마를 이기려 해 아버지에게 수도 없이 야단을 맞으면서도 고치지 않았고 무조건 엄마를 이겨야 직성이 풀렸다.

지금 생각해보면 참 못된 딸이었다. 엄마가 잔소리하는 성격도 아니었고 이것저것 참견하는 성격도 아니었는데 왜 그렇게 트집을 잡아 엄마를 괴롭혔는지 모르겠다. 농촌에 살면서도 그 시대 다른 집안처럼 노동을 많이 시키지도 않았고 특별히 딸이라고 아들과 차별하지도 않았다. 단지 엄마의 말투가 다정다감하지 않고 투

박했으며 욕을 잘하는 편이었다. 그 점을 제외하면 속 깊은 무난한 엄마였다. 그런데도 불구하고 그때는 엄마의 좋은 점은 보이지 않고 어른이 아이 지적하듯 나쁜 점만 꼬집어 엄마에게 툭하면 무식하다며 몰아붙이고 들볶았다.

'너 닮은 딸을 낳으면 엄마 마음 알 것이다' 했던 말이 이제야 가슴에 와 닿는다. 지금 나와 테리를 비교하면 테리는 내게 너무나 좋은 딸이다. 쓸모없는 아집으로 가득했던 나는 엄마와 다투고 나서도 절대로 엄마에게 사과하는 법이 없었다. 하지만 테리는 나와 다투고 나면 꼭 미안하다며 사과를 잘하는 편이고 나의 못된 점을 들춰내기보다는 좋은 점을 많이 얘기해준다. 그런 면에서 테리는 나를 닮지 않았다. 내 복이라는 생각이 든다.

누군가 내 의견에 반하면 무조건 화를 내는 내 오래된 습성을 고치는 것이 내가 행복해질 수 있는 길이었다. 쉽지는 않겠지만 조금씩이라도 달라지려고 노력해야겠다는 생각이 든다.

내가 테리에게 하는 것을 보고 그녀는 "바로 그렇게 하면 됩니다. 잘했어요"라고 격려해주었다. 숙제에 잘했어요 도장을 받은 것 같은 기분이었다.

쿠마리와 엄마에게 다녀왔다. 점심을 먹고 이것저것 명절 음식을 싸주어 들고 왔다. 오는 길에 우리는 차 안에서 엄마와 나의 관계에 대해 얘기했다. 오래된 해묵은 얘기지만 오늘 테리 일을 생각하며 털어놓았다.

어린 시절부터 딸이어서인지 부모님 중 엄마보다 아버지가 더 애틋했고 엄마에게는 화를 자주 냈지만 아버지는 생각만 해도 눈물겨울 만큼 사랑이 느껴진다는 말도 했다. 왜일까?

대학 시절 나는 문학을 공부하면서 오이디푸스 콤플렉스에 대해 알게 됐고 엄마에 대한 무조건적인 반항과 화가 내 안에 근원적으로 잠재된 오이디푸스 콤플렉스 때문이라고 단정 짓고 있었다. 아빠와는 전혀 싸우지 않는 테리를 보면 테리 역시 그런 콤플렉스가 있지 않을까 했다.

그런 얘기를 쿠마리와 나누다 나는 엄마가 나를 임신하고 유산을 시키기 위해 특별한 노력을 했다는 이야기도 하게 되었다.

엄마는 처녀의 몸으로 같은 동네에 살았던 아버지와 연애하다 나를 임신했다. 같은 동네이다 보니 결혼도 하기 전 임신한 것이 두렵기도 했을 테고 스무 살의 어린 나이였으니 창피한 마음도 있었을 법하다. 엄마는 뱃속의 나를 유산시키기 위해 산에서 구르기도 하고 읍내에 나가 당시 종기 등을 치료하던 독한 항생제를 사먹기도 했단다. 그렇게 하면 보통은 아이가 유산되기도 했으나 이상하게 유산이 안 돼 결국 배가 부른 상태에서 부모님은 결혼식을 올렸다.

이런 얘기를 재미있는 듯이 말했지만 생각해보면 참 끔찍한 일이었다. 뱃속에 있던 나는 얼마나 두려웠을까. 언젠가 처음 엄마로부터 그런 얘기를 들었을 때는 그 시절 흔히 있을 수 있는 얘기라고 흘러간 옛날 얘기 하듯 웃으며 듣고 넘겼다. 하지만 뱃속에 있던 아기인 나를 생각하면 가슴 아픈 얘기다.

그 얘기를 들은 쿠마리가 말했다.

"나는 당신의 영혼이 참 강하다는 생각을 했는데 이제 이유를 알겠네요. 엄마 뱃속에 있을 때 살기 위해 얼마나 안간힘을 썼을까요. 당신은 억센 힘을 가진 영혼의 소유자입니다. 그런 당신을 존경합니다. 당신도 자신의 영혼에 감사해야 합니다."

나는 늘 겁이 많다고만 생각했지 내 영혼이 억세다는 생각을 하지 못했다. 내가 화를 잘 내는 것에 대해 얘기하다 엄마의 옛날 이야기로 흘러버렸지만 혹시 내가 엄마에게 자주 냈던 화의 근원이 뱃속에 있을 때가 원인이 아닐까 하던 얘기는 자취도 없이 사라지고 그 덕분에 내 영혼이 강해졌다는 것만 확인했다.

화의 근원이 중요한 게 아니고 내 오래된 습성을 고쳐보려고 노력을 하는 것이 지금으로서는 중요할 뿐이다. 무엇보다 화를 내기 전에 잠시 침묵해보는 일은 상대에게 내 뜻을 관철하는 것 이상으로 나를 깊게 만들어가는 일이었다.

이튿날 테리는 아르바이트를 하러 가기 전 외할머니 댁에 먼저 들러 세배하고 외할머니와 점심을 먹었다고 했다.

명동에 가자

 엄마는 내가 옷 입는 스타일을 늘 못마땅해했다. 보통 젊은 여자들처럼 밝고 화사하지 않고 칙칙하고 유행에 뒤떨어졌다는 것이다. 하긴 등산 같은 운동을 좋아하지 않고 글 쓰는 직업을 가진 것이나 테리를 데리고 툭하면 해외로 여행을 간다며 집안 살림을 소홀히 하는 것이나 뭐든 마음에 들어 하는 것이 없던 분이다. 그러니 만날 때마다 뭘 잘한다고 칭찬하는 일보다 불만을 드러내는 일이 더 많았다.

 나이를 먹었어도 아직도 엄마에게 칭찬을 듣고 싶은 나는 엄마와 가까운 곳에 살면서도 좋은 일이 있지 않으면 엄마를 만나러 잘 가지 않았다. 엄마 집으로 향하다가도 내 차림새가 칙칙하고 후줄근하면 발길을 돌려 집으로 돌아오곤 했다.

 그나마 다행히 옷 입는 스타일에 관한 한 테리는 "나는 엄마 입는 옷 스타일이 좋더라" 하고 칭찬하고, 조카들도 "고모가 옷 입는 스타일이 마음에 들어" 해준다. 그 덕분에 스타일을 바꾸지 않고 좋은 대로 입고 다닌다. 때로는 엄마를 위해서 엄마 집에 갈 때만이라도 화사한 옷을 입으려고 노력은 하고 있다.

 그런 점에서 엄마는 쿠마리의 옷 입는 스타일을 좋아한다. 밝고 경쾌하고 화려해 보여 좋단다.

 쿠마리가 내게 명동에 가자고 했다. '난타' 공연을 보고 싶고 쇼핑을 하고 싶다는 것이다. 사람이 많아 복잡한 서울을 가는 일이 썩 내키지는 않았지만 동행하기로 했다. '난타' 공연도 예약해놓았고 출근하지 않는 토요일이었다.

젊은 시절이나 지금이나 내가 가장 못 견뎌 하는 것이 아이쇼핑이라는 것이다. 엄마가 "너는 거리에 나가면 예쁜 여자들이 옷 입는 거 눈에 안 보이니?"라고 타박하는 것은 백화점 같은 곳에 나가 예쁘게 옷 입은 여자들을 구경하고 그녀들처럼 예쁜 옷 좀 사 입으라는 소리다. 옷을 안 사 입는 편은 아니었다. 마음에 드는 옷이 있으면 가격을 생각하지 않고 '질러버리는' 대범함이 오히려 두려울 정도였다. 하지만 쇼핑을 즐겨 하지는 않는다. 특히 인도에서 돌아온 후로는 옷에 돈을 쓰는 것이 가장 아까웠다. 그러니 유행이나 스타일에 변화가 없다. 10년 전 옷 입는 스타일이나 지금 스타일이나 변함이 없다. 그런 우중충한 내가 우리나라 패션의 최첨단을 걷는다는 명동에 가는 것이 부담스러웠다. 쇼윈도에 비친 모습을 보면 누추하다는 생각이 들 것 같아 자신이 없었다.

서울역에 내려 명동 입구까지 택시를 탔다. 명동을 여러 차례 와본 경험이 있는 쿠마리가 명동 거리에 더 익숙한 듯했다. 예상했던 대로 내가 예전에 와봤던 그곳이 아니었다. 건물은 화려해졌고 거리는 멋스럽게 단장되었고 사람은 넘쳤다.

점심을 간단하게 먹고 서둘러 '난타' 전용극장으로 갔다. 세월이 흐른 만큼 '난타'도 관객들의 취향에 따라 변했다. 스토리가 생겼고 무대도 다양해진 느낌이다. 우리는 공연을 보고 거리로 나왔다. 쿠마리는 나를 한 지하 쇼핑몰로 데려갔다. 짝퉁 명품 가방을 파는 곳이었다. 여러 가게를 돌아보다 한 곳에서 흥정을 시작했다. 종업원은 실제 브랜드와 아주 똑같다며 백화점에서 당장 확인할 수 있다고 말했다.

 그 남자는 실수를 한 것이다. 다른 사람은 그 말만으로 값을 지불하고 가방을 구입할지 모르겠지만 그녀에게는 어림없었다. 쿠마리는 내 얼굴 표정을 살피며 의견을 물었다. 나는 아무리 명품을 카피한 제품이라지만 너무 비싸다는 말만 해주었다. 그녀는 한참을 망설이다 내 손을 잡고 밖으로 나왔다. 종업원에게는 조금 있다 다시 올 수도 있다는 말을 남겼다. 다시 올 수도 있고 오지 않을 수도 있다는 말이다. 쿠마리는 오지 않을 것을 오겠다고 빈말하는 사람은 아니다.

 지하 쇼핑몰을 나와 다시 나는 그녀가 이끄는 대로 걸었다. 좀 지쳐가고 있었지만 지치지 않은 척 웃으며 따라갔다. 나를 이끈 곳은 조금 전 가방 가게에서 말한 백화점이었다. 백화점에는 거리보다 사람이 더 많았다. 우리는 한참을 돌다 좀 전에 들었던 브랜드 숍을 찾았다. 숍 그 어디에도 우리가 보았던 가방과 비슷한 것은 없었다. 단지 색상과 체크프린트 디자인만 비슷할 뿐 같은 것은 없었다. 브랜드 상품 소개 책자를 보여달라고 했다. 책장을 다 넘겨도 똑같은 제품은 없었다.

그녀는 가방을 사지 않은 게 천만다행이라며 좋아했다. 우리는 다시 그 쇼핑몰에 가지 않고 그냥 명동 거리를 걸으려 명품을 흉내 내지 않은 보통 가방을 샀다. 화려한 것을 좋아해서인지 화려한 컬러의 최신 유행 스타일의 핸드백이었다. 그녀에게도 잘 어울렸다.

우리는 다시 길거리 쇼핑에 나섰다. 나는 유이키에게 선물하기 위해 태어날 아기 신을 샀다. 노란 병아리를 닮은 신발은 너무나 작고 앙증맞았다. 쿠마리가 나와 테리 옷을 한 가지씩 사주었다. 우리는 이렇게 거리를 오가며 한두 가지 물건을 사 서로 선물하고 예약해놓은 기차를 타기 위해 서둘러 서울역으로 향했다.

그녀는 돌아오는 기차 안에서 내게 "고마워요. 당신이 아니었으면 비싼 돈을 지불하고 가짜 명품가방을 샀을 겁니다"라며 백화점에서 한 말을 다시 반복했다.

"도움을 제대로 못 주어 미안해요. 정보를 제대로 알고 갔으면 좋았을 텐데······"

그녀는 새로 산 가방이 만족스럽다고 말했다.

함께 명동을 다니며 돈을 제대로 쓰는 방법을 배웠다. 길거리에서 저렴한 벨트를 하나 사는데도 여러 곳을 둘러보고 비교해보고 난 후 신중하게 구입하는 그녀가 다소 지나치게 피곤하다 싶었지만 작은 돈이라도 돈은 그렇게 사용해야 하는 것 같았다. 나는 너무 돈 쓰는 것이 쉬웠다. 나 같으면 여기저기 비교하러 다니는 것이 귀찮아 한 곳에서 부르는 대로 구입하고 말았을 것이다. 그렇게 구입해서 버린 물건이 한두 개가 아님에도 늘 그랬다.

하지만 쿠마리는 모든 선택을 끝까지 신중하게 했고 종업원의 호객 행위에 대해 단 한마디의 원망도 없었다. 단지 자신이 속지 않은 것을 다행스러워했을 뿐이다. 참 실속 있고 야무진 여인이었다.

그녀는 내게 한 가지 더 중요한 사실을 일깨워주었다. 거리에 있는 많은 사람들이 쇼핑을 좋아하지만 모든 사람들이 다 쇼핑에만 현혹돼 철없는 행동을 하는 것은 아니라는 것을.

나는 좀 못된 편견을 갖고 있었다. 무의식중에 화려하고 밝은 옷을 즐겨 입는 사람이나 백화점을 애용하는 사람들에 대해 얕잡아 보려는 편견. 내 외모나 가난한 환경에 대한 자격지심일 수도 있었다. 그 오랜 편견이 깨지는 것 같은 기분이었다.

기차를 타고 오는 동안 언젠가 테리가 한 말이 떠올랐다.

"패션은 나를 표현하는 방법이야. 엄마가 엄마 스타일이 있듯이 나도 내 스타일이 있는 거야. 화려하고 여성스러운 것을 천하게 생각한다면 그것은 엄마 생각이 잘못된 거야."

다를 뿐인데, 서로 좋아하는 것이 다를 뿐인데. 내 취향과 다르다고 다른 사람들의 취향을 재단하고 판단하는 버릇은 나빴다.

쿠마리가 내 생각을 읽고 있기라도 한 듯 말을 걸었다.

"오늘처럼 당신은 쇼핑을 즐겨야 합니다. 거리를 활보하듯 그냥 즐겨보세요. 당신이 생각하는 가치나 기준으로 보이는 모든 것을 판단하려 하지 말고 그냥 가볍게 즐겨보는 습관을 가져보세요. 당신 마음 건강을 위해 좋습니다."

오늘도 결국 쿠마리는 나의 해묵은 질병 하나를 고쳐주었다.

독이 된 사랑

어느새 그녀가 우리 집에 온 지도 한 달이 되어간다. 처음에는 얼마나 머물지 막연했고 그 시간들을 잘 지낼 수 있을까 걱정했는데 시간이 이렇게 흘러가버렸다. 머무는 동안 그녀는 있는 듯 없는 듯해 우리가 생각했던 것보다는 훨씬 편안했다.

우리의 마음도 많이 좋아지는 것을 느꼈지만 테리와의 사소한 말다툼은 일상적으로 있었다. 대부분 같은 일을 가지고 반복적으로 다퉜다. 정리정돈을 잘 안 한다든가 엄마인 나를 하녀처럼 대한다든가 할 때 불만을 털어놓는다.

하루는 그녀가 자기 아이들 이야기를 해주었다.

그녀는 일찍 결혼한 편인데 남편의 경제력이 좋지 않아 세 아이들을 양육하는 데 어려움이 많았다. 하지만 어려서부터 아이들에게 집안의 현실을 있는 그대로 받아들이도록 했다. 그녀 역시 아이들을 학교에 보내놓고 직장에 나가야 해서 아침이면 한바탕 전쟁

이 벌어졌다. 도시락을 제대로 싸줄 수 없어 아이들 스스로 도시락을 싸 가지고 가도록 하고 학교에서 돌아와 숙제라든가 준비물을 챙기는 일이라든가 모든 것을 스스로 하도록 했다. 아이들은 그녀가 생각한 대로 독립심이 강한 아이들로 성장했다. 큰아들은 중고등학교를 다니면서도 아르바이트를 꾸준히 했고 대학은 가고 싶어 하지 않았다. 유이키도 마찬가지였다.

언젠가 쿠마리가 인도에 가 있을 때 아이들로부터 전화가 왔단다. 전기요금을 내지 않아 집 안에 불이 안 들어와 사방이 어두워지자 아이들이 무섭다고 전화를 건 것이다.

그때 그녀는 아이들에게 이런 얘기를 해주었다고 한다.

"너희들 어둠속에서 촛불을 켜고 있어본 적이 있니? 세상이 얼마나 고요하고 평화로운지 모른단다. 한번 해볼래?"

"와, 엄마 정말 너무 좋아요."

"그래. 너희가 그동안 느껴보지 못한 것을 느낄 수 있도록 신께서 선물을 주셨구나."

그녀의 대화 방법이었다. 부모로서 경제적인 도움을 충분히 주지 못했지만 아이들에게 늘 당당했고 아이들이 그것을 있는 그대로 받아들이며 뭐든 긍정적으로 생각하고 그 가운데 자신들이 희망을 만들어가도록 했다.

"당신의 무조건적인 사랑은 테리를 위한 사랑이 아닙니다. 그건 자기만족에 불과합니다. 아이들에게 지나친 사랑은 때로 독이 될 수 있습니다. 지금부터라도 당신이 변해야 합니다. 그런 다음 테리에게 잘못 가르친 것을 바로잡도록 하세요."

테리를 공주처럼 키웠던 게 사실이다. 테리가 무엇을 간절히 원하기 전에 내가 먼저 앞서서 테리에게 필요한 것을 해주었다. 테리가 책을 좋아하기 전에 책을 사다 쌓놓았고 그림을 잘 그리는 것 같아 어느새 좋은 물감과 비싼 스케치북을 사주곤 했다. 그렇게 좋은 재료들을 테리에게 안겨주었을 때 테리는 오히려 그림 그리는 것에 대한 흥미를 잃은 것처럼 심드렁해졌다.

매사에 그런 식으로 늘 앞서갔다. 옷이나 먹는 음식과 같은 일상적인 소모품 역시 테리가 말하기 전에 늘 테리 앞에 먼저 놓아두곤 했다. 물건을 사다 주는 것으로 끝나지 않았다. 옷을 스스로 입을 수 있는 나이가 되어서도 옷을 입혀주었고 물을 스스로 가져다 먹을 수 있어도 내가 물을 가져다주었다. 수건을 쓰면 기다리고 있다 받아 걸어주었고 테리가 할 수 있는 숙제도 내가 해주곤 했다. 그게 내가 한 사랑이었다. 사랑하는 테리를 위해 나는 늘 뭔가를 해주고 싶었고 테리가 스스로 할 수 있는 일도 내가 해줘야 직성이 풀렸다. 그런 식의 사랑을 테리가 원하고 있는지 생각해보지 않았고 단지 내가 좋아서 베푼 사랑인 셈이다. 그렇게 테리와 나 사이에 만들어진 습관은 고착화되었다.

어느 날부터 테리가 나보다 키가 커지고 곧 어른이 돼간다는 것을 알아차렸다. 그때부터 나는 달라지기 시작했다. 냉장고 안의 물을 가져다 달라고 하는 일, 옷을 벗고 정리하지 않는 일, 수건을 쓰고 걸어놓지 않는 일 등 테리의 일상적인 행동이 거슬리기 시작했다. 과거에는 잔소리 한마디 하지 않고 테리 뒤를 따라다니며 하녀처럼 다 해주다 어느 날 그동안 없던 자아가 생긴 것처럼 "이젠 엄마가 해줄 수 없어. 네가 해" 하게 된 것이다. 학습이 안 된 테리는 자신이 잘못하고 있다는 것을 알면서도 습관적으로 "엄마 물 좀" 했다.

이런 차이가 갈등을 일으키는 주범이었다. 나는 테리를 철없는 딸로 몰아붙였고 테리에게는 내가 잔소리 심한 엄마로 비치기 시작한 것이다. 내 양육 방법의 맹점은 테리가 무엇을 좋아하는지, 자신이 좋아하는 것을 얻기 위해 어떤 노력을 해야 하는지 선행학습을 시키지 않고 맹목적인 사랑을 쏟아부었다는 것이다.

테리에게 베푼 모든 사랑이 다 독이 되지는 않았을 것이다. 중요한 것은 테리에게 필요한 사랑을 주지 않고 불필요한 사랑을 너무 많이 주었다는 점이다. 나를 위한 사랑과 테리를 위한 사랑을 냉정하게 구분할 줄 몰랐던 것. 이 또한 달라지기를 바랄 뿐이다.

"나는 당신의 영혼이 참
강하다는 생각을 했는데
이제 이유를 알겠네요.
당신은 억센 힘을 가진 영혼의
소유자입니다.
그런 당신을 존경합니다.
당신도 자신의 영혼에
감사해야 합니다."

나를 정화한다는 것

오늘 아침 눈을 뜨자마자 작정하고 신께 기도했다. 한 달이 넘는 기간 동안 우리가 치료를 받을 수 있었던 것은 기적이었고 부디 오늘이 마지막이기를 간절히 바란다고.

다른 날처럼 치료를 받기 위해 방 안으로 들어갔다. 같은 방법의 치료가 시작되었다. 그런데 통증이 너무 심했다. 수정막대로 내 몸 구석구석을 누르는데 누르는 부위마다 다 아팠다. 식은땀이 나기 시작했다. 배와 허리를 넘어 온몸으로 통증이 퍼져나갔다. 어깨와 다리같이 수정막대로 건드리지 않는 곳까지 통증이 느껴져 아프지 않은 곳이 없었다. 전신이 아팠다.

너무 아파 참을 수 없다고, 죽을 것 같다고, 쿠마리에게 도와달라고 애원했다. 그녀는 "좀 참으세요. 편안하게 받아들여요"라는 말만 했다.

어쩔 수 없었다. 믿고 좀 기다려보자. 고통도 내 것이라면 받아들이자 하는 마음으로 마음을 내려놓으니 통증이 조금 진정되었다. 눈뜨자마자 했던 기도를 다시 했다. 그리고 신께 몇 가지 약속을 했다.

'저의 기도를 들어주소서. 오늘 저의 치료가 끝날 수 있도록 자비를 베풀어주소서. 이 치료가 끝나면 저는 다르게 살겠습니다. 가족과 주변사람들에게 진심으로 감사한 마음을 잊지 않겠습니다.

무엇보다 신앙생활에 성실하겠습니다. 오랫동안의 냉담을 풀고 신께 진정으로 다가가겠습니다. 제 기도를 들어주소서.'

돌이켜보면 인생의 위기가 올 때마다 늘 이런 기도를 했고, 그 위기가 지나면 언제 그런 간절함이 있었는지 잊어버리곤 했다. 약속을 밥 먹듯이 저버린 것이다. 그것이 신께 한 약속이든 스스로와 한 약속이든. 하지만 이번만큼은 물러날 곳이 없었다. 이번에도 약속을 어긴다면 나는 구제불능이라는 생각이 들었다.

얼마나 시간이 지났을까, 눈을 뜨고 쿠마리를 보았을 때 쿠마리는 울고 있었다. 나를 치료하며 그녀가 운 것은 처음이었다. 치료를 받는 중이라 왜 울고 있는지 물어볼 수 없었다. 유난히 치료 시간이 길었다. 그러는 사이 어느새 통증이 완전히 사라졌다는 것을 깨달았다.

수정막대 치료가 끝나고 그녀의 손이 내 배와 몸을 만졌다. 너무나 부드럽고 따뜻했다. 쿠마리의 손이 내 배 위에 머물러 있는 동안 나는 내 삶이 멈춰도 좋을 것 같았다. 살아온 날들 중 가장 평화롭고 고요한 순간이었다. 이것이 천국일까 싶은 평화였다. 짧은 시간이었지만 정말 꿈같은 평화를 맛보았다.

쿠마리가 나를 일으켜 앉혔다. 늘 하던 대로 내 등을 어루만져주며 나를 가볍게 포옹했다. 그러면서 쿠마리는 내가 가장 기다리던 말을 해주었다.

"오늘 당신의 치료가 모두 끝났습니다."

"정말인가요?"

"그래요."

"감사합니다."

눈물이 마구 흘러내렸다. 그녀를 안고 감사하다는 말을 여러 번 했다.

밖으로 나오니 스펀지가 높게 점프하며 내게 와락 달려들었다.

"아! 우리 천사!"

내 입에서 스펀지에게 천사라는 말이 저절로 나왔다. 우리에게 스펀지는 천사였다. 쿠마리나 나를 도와준 모든 사람이 다 천사였듯이 스펀지도 우리의 천사였다. 감격스러움에 어쩔 줄 몰라 한동안 스펀지를 내려놓지 못했다. 스펀지에게 왜 그렇게 고마운 마음이 드는지 눈물이 났다. 실제 우리가 가장 힘들었던 순간 우리 집에 와 우리와 어려움을 함께한 스펀지였다. 그래서일까? 스펀지도 나의 치료가 끝난 것을 알고 있는 것처럼 내가 방에서 나오자마자 점프해 내 품에 안겼다. 마치 나를 축하해주려는 것처럼.

테리에게 나의 치료가 끝났다고 말하자 테리도 나를 안아주었다.

"축하해. 엄마."

"그래. 고마워."

우리가 그렇게 축제 분위기에 정신없어 하는 동안 쿠마리는 치료 방에서 나와 화장실로 갔다. 구역질을 심하게 하더니 토했다.

당황스러웠다. 나는 좋아 죽겠는데 쿠마리는 몸이 너무 고통스러운 모양이다. 무슨 일일까. 물어볼 수도 없는 분위기였다. 쿠마리는 화장실 변기에 두 차례 토하고 자신의 방에 들어가 한참 명상을 한 후에 테리의 치료를 하겠다고 나왔다.

테리가 치료를 받기 위해 들어갔다. 다른 날과 마찬가지로 얼마간의 시간이 지나 테리의 치료가 끝났다. 테리에게는 치료가 끝났다는 선언을 하지 않았다. 얼마나 더 받게 될지 모르겠지만 나만이라도 먼저 치료가 끝났다는 것이 너무나 좋았다. 신께서 내 기도를 들어주었다는 확신이 생겼다.

쿠마리는 아침을 먹지 않겠다고 했다. 우리도 아침을 건너뛰기로 했다. 우리는 둘러앉았다. 그녀가 내게 하고 싶은 말이 있는 것 같았다.

"오늘 당신의 치료가 끝났습니다. 기분이 어땠나요?"

치료받을 때 기분을 말해주었다.

"처음에는 너무나 고통스러웠지만 나중에 당신의 손길이 느껴지는 순간 너무나 평화로웠습니다. 그런 느낌은 태어나 처음이었습니다."

"당신 몸의 나쁜 기운을 내보냈고 좋은 에너지를 집어넣어 주었어요. 당신은 오늘을 잊지 말아야 합니다. 당신 몸은 특별해졌습니다."

특별해졌다는 의미를 잘 이해하지 못했지만 치료가 다 끝났다는 것과 내 몸의 상태도 좋아졌다는 것으로 충분했다. 내 안에 오랫동안 쌓인 화, 집착, 두려움 등이 만든 나쁜 에너지가 좋은 에너지로 정화됐다는 얘기로 받아들였다.

"치료 중에 당신이 우는 것을 봤어요. 왜 울었나요?"

"당신의 진심 어린 기도와 내 마음이 하나가 된 순간을 느꼈어요. 나는 너무 행복했습니다. 행복해서 흘린 눈물입니다."

나도 눈물이 났다.

"그랬군요? 당신은 나의 천사입니다."

내 입에서 이런 말이 너무나 자연스럽게 나왔다.

"당신이 그것을 깨달아서 기쁩니다."

"몸이 안 좋은가요? 왜 구역질을 했죠?"

"당신 안에 나쁜 에너지가 나를 통해 정화됐습니다. 당신이 첫날 치료를 받고 많이 토했던 것은 나쁜 에너지들이 자극을 받은 것이고 지금은 그 나쁜 에너지들을 내가 다 받아들여 내 몸을 자극해 내가 토하게 된 것이죠. 나는 수많은 사람들을 정화시켜주고 있는데 정화하는 과정에서 좋지 않은 행동이나 생각이나 습관을 고치지 않으면 진정한 정화가 이루어지지 않습니다. 왜냐면 사람은 같은 습관을 반복하는 피조물이기 때문이죠. 죄수들이 같은 죄를 반복해서 짓는 것과 같습니다. 대부분 사람들이 이런 습관을 고치려고 노력하지 않죠. 당신은 진심으로 노력했습니다. 신이 그것을 인정해주었습니다. 에너지를 정화하고 나쁜 습관과 사고방식을 바꾸기 위해서는 순수한 사랑의 에너지가 필요합니다. 그래서 에너지를 청소하는 동시에 순수한 사랑의 에너지를 당신에게 넣어준 것입니다. 당신은 앞으로 더 노력해야 합니다. 자신을 더 낮추고 겸손하며 신을 믿고 의지하는 영적인 길을 가야 합니다. 지금 좋은 에너지가 당신 몸에 들어가 있다고 해서 그것이 결코 영원한 것이 아니기 때문이죠. 신 앞에 겸손해지는 것만이 지금의 행복을 유지하는 길입니다."

그녀는 한참 동안 치료를 마친 소감을 말해주었다. 다시 태어난 기분이었다. 그녀의 말대로 내 안에 오래 묵은 나쁜 에너지들이 다 나가고 아이같이 순수한 좋은 에너지들이 가득한 것 같았다. 마음이 새털처럼 가벼웠고 모든 게 꿈만 같았다. 신께 감사하고 쿠마리에게 감사하다는 생각이 절실하게 들었다. 곧 테리의 치료도 끝날 것 같은 좋은 예감이 들어 더 좋았다.

땀은 새로운 에너지의 원천

30대 초반 문화부 기자 시절 치기와 열정이 가득할 무렵이었다. 문학과 관련된 특집기사를 쓰느라 박경리 선생님 취재를 기획했다. 대하소설 〈토지〉를 완간한 기념특집으로 기억된다.

당시만 해도 소설을 언젠가 본격적으로 써야지 하는 꿈을 가득 품고 있던 터라 내게 박경리 선생은 하늘같이 높은 존재였다. 그

분을 인터뷰한다는 것이 꿈같았고 두렵기도 했다. '어떻게 다가가나?'

일단 전날 전화를 했다. 원주까지 인터뷰차 방문하겠다고 말씀을 드렸다. 선생님은 오지 않았으면 좋겠다고 취재 요청을 정중하게 거절했다. 이유는 쉬고 싶다는 것이었다. 하지만 기자는 취재원이 거부한다고 해서 포기하는 일은 있을 수 없다고 배웠고 그대로 물러날 수 없었다. 선생님 입장을 배려하기보다는 기자로서의 욕심이 앞섰다.

오지 말라고 했지만 나는 사진기자까지 대동하고 원주 선생님 집 앞에서 초인종을 눌렀다. 초인종 안에서도 선생님은 끝내 인터뷰 요청을 거절하셨지만 나 역시 쉽게 포기하지 않았다. 한여름이었다. 대문 밖 나무그늘 아래 앉아 마냥 기다렸다.

결국 선생님이 져주셨다. 어렵게 허락을 받아 집 안으로 들어간 나는 인터뷰를 진행하면서 왜 선생님이 취재 요청을 거절할 수밖에 없었는지 이해할 수 있었다. 20여 년 간 장편 대하소설을 집필하고 났을 때의 휴식이 얼마나 간절한 일인지, 손님을 접대하는 것에 대한 고단함, 언론의 지나친 관심. 이 모든 것이 휴식하고 싶은 선생님의 마음을 얼마나 헤집어놓는지. 돌아보면 참 이기적인 행동이었다.

훗날 선생님께서 병석에 계시다는 소식을 접했을 때, 그 당시 선생님께 막무가내 찾아갔던 일을 얼마나 후회하며 가슴 아파 했는지 모른다.

그럼에도 그날 나는 선생님 댁에서 한 가지 얻은 게 있었다. 사람이 살아가면서 노동으로 인한 땀이 얼마나 절실하게 소중한 것인지 알게 된 것. 특히 실내 생활을 많이 하는 정신노동자들에게 땀 흘리며 일하는 노동이나 운동은 오히려 정신노동에 더 잘 집중할 수 있는 새로운 에너지, 좋은 에너지를 만들어준다는 사실이다.

선생님은 글을 쓰거나 책을 보시다 집중이 안 될 때는 언제든 마당 한쪽에 있는 텃밭으로 나와 흙을 만지고 채소들을 돌보는 노동을 한다고 했다. 그런 땀 흘리는 노동 후에 오는 특별한 평화가 글 쓰는 일에 다시 몰입할 수 있는 힘이 된다는 말씀을 하셨다.

선생님 말씀에 많은 공감이 갔다. 언젠가 기사가 아닌 소설을 쓰게 된다면, 한정된 공간에 나를 밀어넣어 글 쓰는 일에만 몰입하게 될 때, 이 땀의 이야기를 꼭 잊지 말아야겠다는 생각도 했었다. 하지만 살아가며 잊었고 종종 기억을 끄집어내도 잘 실천하지 못했다.

쿠마리는 내게 땀을 내는 운동이 꼭 필요하다며 권했다. 내게 몸무게와 관계없이 몸이 너무 무겁다고 충고해줬다. 날이 춥고 눈이 많이 와 운동이 어려웠지만 춥다고 웅크리고 있기보다 거리에 나가 걷거나 노래방에라도 자주 가 흥겹게 놀라고 했다. 우리는 눈이 내리는 한밤중에 근처 공원에 나가 스펀지와 함께 한바탕 뛰고 놀다 들어오곤 했다.

한 차례 그렇게 몸을 움직이고 나면 몸과 마음이 한결 가벼워진 것을 느낀다. 나는 몸이 마른 편이고 살이 안 찌는 체질이어서 운동의 필요성을 잘 느끼지 못하고 살았다.

땀을 흘리고 났을 때의 쾌감을 느껴보았다. 한바탕 줄넘기를 하거나 스펀지와 달리기를 하고 났을 때 느껴지는 몸의 가벼움. 정신적인 스트레스가 많다고 불평만 했지 그것을 어떻게 풀면서 살아야 하는지 모르는 미련한 사람이었다.

그녀는 종종 집 안에서 간단한 요가를 했다. 어찌나 몸동작이 유연한지 부러웠다. 그 동작을 따라 하다 허리를 다칠 뻔했지만 나로서는 걷기 운동이 최고인 듯하다.

땀을 자주 흘리라는 충고는 테리에게도 했던 말이지만 나 역시 그녀가 돌아간 후에도 스스로 지켜야 할 약속 중 하나다. 땀을 흘리는 일은 몸과 마음에 쌓여가는 노폐물을 씻어내주는 청량제 같은 것이라니.

나를 버려야 가능한 기부

인도로 여행을 떠나기 전 인도에 관한 정보라면 귀를 쫑긋 세우고 있던 시절 우연히 한 방송국에서 방영한 '인도의 부자들' 편을 본 적이 있다. 늘 가난한 사람들만 가득하다고 생각했지 인도에 부자들이 많다는 사실을 잘 인식하지 못하고 있던 때다.

인구가 많으니 부자도 많은 것이 당연했고 그 부자의 수준은 우리나라 부자들과 차원이 달랐다. 프로그램의 요지는 부자들이 어떻게 돈을 벌어 어떻게 사용하는지를 다뤘다.

인도의 부자들은 대부분 검소하다. 이들은 경제적인 부를 이루면 교육과 같은 사회 공공의 이익을 위한 일에 많은 돈을 투자하고 가난한 이웃이나 종교 공동체와 관련된 일에 기부를 많이 하는 편이다. 그들의 종교 활동은 우리나라 사람들의 종교 활동과는 많이 달랐다. 종교가 곧 법이고 원칙이고 삶의 가치 기준이기도 하다. 종교의 가치 기준에 따라 기부가 생활화된 것이다.

우리나라 재벌들이 꼭 봐야 할 프로그램이라고 생각했던 기억이 났다. 하지만 꼭 재벌만의 문제는 아니었다. 나도 그다지 다를 게 없었다.

젊은 시절 한때는 소외된 이웃을 위해 나를 헌신하겠다는 생각을 한 적이 있다. 어쩌면 나 자신을 위한 만족이었으면서 헌신이라는 용어를 사용하고 생각했던 것 자체가 젊은 치기이지 않았을까 싶다.

고등학교 시절 버스에서 내려 학교까지 걸어가는 길에는 고아원이 하나 있었다. 늘 그곳에서 풍겨오는 냄새를 맡았다. 곰팡이 냄새도 아니고 물비린내 같은 것이었다. 걸레를 깨끗하게 빨지 않고 대충 빨아 다시 사용하면 나는 물비린내 같은 것. 그것이 고아원 냄새라고 단정했다.

어느 날 냄새나는 그곳이 궁금해 기웃거리다 들어가보았다. 한 번 가본 것으로 끝나지 않고 친구들을 꼬드겨 용돈을 털어 도너츠를 사들고 주말마다 고아원을 방문하기 시작했다. 그게 시작이었다. 고등학교 1학년, 2학년 내내 내 삶의 목표는 훗날 가난한 이웃을 위해 헌신하는 삶을 살아야 한다는 것. 그 목표를 어깨에 짊어지고, 그것이 온통 내 몫인 양 무겁게 학창 시절을 보냈다.

대학입시에서 떨어진 것은 삶의 목표를 이룰 수 있는 운명이라고 생각했다. 말리는 엄마에게 한바탕 언성을 높이고 가출하듯 짐을 싸들고 시 외곽에 있는 보육원으로 들어갔다. 그때 내 나이 스무 살이었던가. 내 인생조차 감당하지 못할 나이에 어린 고아들의 인생을 책임져보겠다고 달려들었다.

꿈과 이상은 늘 달랐다. 아니 그곳에서 나를 포기하지 못한 것이 원인이었다. 나를 버리지 않고 아이들을 돌보겠다는 것은 모순이었다. 나를 다 버려야 가능한 일이었는데 내가 이루고 싶은 여러 가지 꿈과 다른 삶에 대한 욕심을 버리지 못했다. 내가 고아들을 돌보는 일보다 내 삶을 더 중요하게 여기는 사람이라는 것을 깨달았다. 당연히 그곳에서 버틸 수 없었다. 결국 훗날을 기약하며 1년 만에 야반도주하듯 가방을 싸들고 그곳을 뛰쳐나왔다.

그 후 나는 소외된 이웃을 돌아보거나 한때 마음먹었던 그 훗날을 실천해본 적이 없다. 경제적으로 살 만해졌을 때나 그렇지 못할 때나, 환경이 중요한 것은 아니었다. 나는 내 몸, 내 안위만 중요한 사람으로 살았다. 타인의 행복보다 내 행복이 중요했고 타인에 대한 배려보다 내가 먼저 가져야 하는 것이 더 많은 채 살아왔다.

세월이 참 많이 흘렀음에도, 그 옛날 고아원에서 나던 물비린내가 그토록 가슴 아프게 아렸던 그 기억을 나는 한 번도 반추해보지 않고 살아왔다.

문득 '인도의 부자들'을 보며 우리나라 재벌들에게 훈수를 두었던 나를 떠올렸다. 쿠마리가 갑자기 기부에 관한 얘기를 꺼냈기 때문이다.

"혼자만의 행복을 추구하지 않고 가진 것을 이웃과 나누며 타인을 위해 뭔가 할 수 있어야 영적인 삶을 사는 것입니다. 경제적인 형편이 좋아지더라도 검소하고 가난한 이웃을 위해 기부하며 봉사하는 삶을 살도록 하세요."

형편이 좋아지면이라고 전제했지만 그 말은 그동안의 내 삶을 부끄럽게 만들었다. 좋은 영화나 전시회가 있으면 돈 아까운 줄 모르며 온갖 문화적인 풍요를 누리고 살면서도 어려운 이웃을 위해 기부해본 적이 없기 때문이다.

그런 내가 너무 쉽게 대답해버렸다.

"그렇게 하겠습니다. 형편이 좋아지는 만큼 이웃을 위해 기부하겠습니다."

 과연 지킬 수 있을까, 순간적으로 나를 의심했지만 이제는 지겹도록 나만을 위했던 이기심을 버리고 싶다.

 테리가 치료를 받기 위해 준비하고 있는데 그녀가 오늘 따라 방에서 좀 늦게 나왔다. 테리가 치료를 받으러 들어갔다. 얼마 후 치료를 받고 방에서 나오는데 이틀 전 스펀지가 내게 했던 것과 똑같이 테리에게 높이 점프해 안겼고 테리는 내가 한 말과 같은 말을 했다.

 "우리 천사. 스펀지 사랑해."

 그 모습을 보는 순간 테리의 치료도 끝났다는 것을 직감적으로 느꼈다. 테리가 스펀지를 내려놓은 다음 내게 안기며 "엄마 고마워" 했다. 나도 "테리 고마워. 고생했다"라고 말했다. 한동안 그렇게 서로 안고 있었다. 드디어 치료가 끝났다.

 테리의 얼굴 표정이 배꽃처럼 환하다는 생각이 들었다. 인도 고아 바닷가에서 종횡무진 혼자 이리 뛰고 저리 뛰며 놀던 순진하고 밝은 소녀의 모습 그대로였다. 꿈만 같았다. 결국 우리가 해냈다는 안도감이 들었다. 그동안 절실하게 바랐던 것은 오직 테리의 얼굴에서 밝은 미소를 되찾는 일이었다. 악몽 같았던 지난 몇 달 간의 기억들을 지우개로 지운 것처럼 아무 생각이 나지 않았다. 그 시간이 우리에게 없었던 것처럼 테리는 너무나 화사했다. 더 바랄 게 없었다. 감사합니다라는 말이 저절로 나왔다.

　아침을 먹고 나서 서로의 기분을 얘기하는 시간을 가졌다.

　그녀가 테리에게 물었다.

"오늘 기분이 어땠니?"

"목에 뭔가 걸린 것 같고 가슴이 답답한 느낌이 확 사라지는 것 같았어요. 무척 편안하고 몸이 가벼워진 것 같아요."

"그래. 앞으로 그 상태를 유지하는 것은 네 몫이다. 운동 열심히 하고 자신감 있게 긍정적으로. 어떤 종교든 네가 원하는 것을 선택해 진실한 믿음을 가질 수 있도록 노력해라. 늘 신께 감사하는 마음 잊지 말아야 한다."

"네. 알겠습니다."

　테리가 씩씩하게 대답했다. 저녁에 치료가 끝난 것을 자축하는 파티를 하기로 했다.

천사가 남기고 간 것

천사가
남기고 간 것

<u>천사가 남기고 간 것은</u>

치료를 마치고 며칠 여유 있는 시간을 보내는 동안 엄마를 모시고 부산으로 기차 여행을 갔다. 아침에 출발해 저녁 기차로 돌아오는 일정이었다. 테리도 함께 데려가고 싶었지만 테리는 가지 않겠다고 했다. 어른들 따라다니는 게 재미없을 듯도 했고 한 달 반가량을 정신없이 지냈으니 집에 혼자 있고 싶은 마음이 이해가 됐다. 엄마가 많이 아쉬워했지만 하는 수 없었다.

기차에서 내려 자갈치시장으로 갔다. 사람들이 북적이는 시장에는 바다의 짠 내가 가득했다. 진한 바다 냄새가 좋았다. 아주머니들이 호객하는 소리도 강한 생명력으로 다가왔다.

　시장에서 회를 떠 이층에 있는 식당으로 올라가 앉으니 푸른 바다가 한눈에 내려다보였다. 창밖의 바다 풍경을 보고 있으니 가슴이 확 트이는 것 같았다. 부산까지 와서 회를 먹어보기도 처음이고 다른 가족 없이 엄마와 기차 여행을 해보는 것도 처음이었다. 별것도 아닌 일인데 평생 처음 해보는 일이 참 많다는 사실에 놀랐다. 배낭을 메고 다른 나라로 훌쩍 떠나는 일은 그렇게 쉬웠으면서 엄마와 함께 대중교통을 이용해 고향 주변을 떠나오는 게 처음이라니.

　문득 살면서 내가 좋아하는 일은 정작 가까운 가족과 함께하지 못하고 살았다는 생각이 들었다. 엄마에게 한 번도 고맙다는 표현을 못하다 쿠마리 덕분에 고맙다는 표현을 한 것만큼이나 부산 여행이 의미 있게 다가왔다.

　점심을 먹은 후에는 매년 영화제가 열린다는 거리를 활보해보고 건어물 가게를 둘러보고 길거리 음식을 사먹고 지하상가에서 아이쇼핑을 하며 시간을 보냈다. 누군가와 낯선 곳에서 함께 시간을 보낸다는 것은 상대방과의 관계가 친구처럼 다정스러워지는 일이었다. 엄마의 팔짱을 끼고 젊은이들처럼 여기저기 기웃거리는 일이 그랬다. 쿠마리도 그런 우리 모습을 흐뭇하게 바라봐주었다. 이렇게 그녀는 우리에게 와 머무는 동안 특별한 선물들을 많이 주었다.

내일이면 그녀가 돌아간다. 그녀는 여행 가방을 알뜰하게 챙겼다. 엄마가 만들어준 멸치볶음, 그동안 쇼핑한 물건과 초콜릿 같은 아이들에게 줄 먹거리도 빼놓지 않았다. 나도 그녀의 가족들에게 줄 작은 선물을 마련했다.

그녀가 우리에게 마지막으로 밥을 사고 싶다고 해서 함께 스파게티 전문 레스토랑으로 갔다. 스파게티는 테리가 좋아하는 음식이어서 테리가 정한 것이다. 나도 피자보다는 스파게티가 더 입맛에 맞았다.

우리는 분위기 좋은 레스토랑에서 마지막 밤을 즐겼다. 낯선 곳에 와 한 가족처럼 한 달 반을 지내는 동안 우리보다 더 불편하고 힘들었던 사람은 그녀였을 것이다. 그럼에도 내색하지 않고 잘 지내준 그녀가 무엇보다 고마웠다.

그녀에게 감사하다고 말했다. 그녀 역시 우리에게 같은 말을 반복했다. 자신의 뜻과 자신의 의견을 잘 받아들여주어 행복했다는 말.

그런 점에서 우리는 서로에게 좋은 벗이었다. 며칠 만에 자유롭게 의사소통을 하게 돼 누구에게도 하지 못했던 고해성사 같은 이야기를 나눌 수 있었던 것이며 수많은 일들이 기적 같았다. 우리의 몸과 마음에 쌓인 나쁜 에너지가 치유된 것은 물론이고 수십 년 간 엄마와 나 사이에 쌓인 묘한 앙금이 사라진 것이며, 그녀가 돌아가면 성당에 나가기로 약속한 일이며, 나를 내려놓고 이웃이나 타인을 배려하며 살겠다는 새로운 다짐이며.

너무 많은 변화가 예고되어 있었다. 무엇보다 앞으로 내 인생이, 적어도 그녀가 오기 전보다 훨씬 당당하고 자유롭고, 평화롭고 풍요로울 것이라는 믿음이 생겼다. 그럴 수 있을 것 같았다.

토요일 아침 리무진 버스를 타고 공항에 도착했다. 비행기가 연착돼 그녀와 간단하게 빵과 차를 마셨지만 집 안에 함께 있을 때만큼 재미있는 대화가 만들어지지 않았다. 그녀에게서나 내게, 어떤 일을 새롭게 시작하는 설렘보다는 힘겹게 일을 마치고 돌아가는 사람의 뒷모습에서나 볼 수 있는, 뭔지 모를 쓸쓸함 같은 것이 보였다. 한낮에 열렬히 사랑하다 해 저물어 각자 집으로 돌아가야 하는 연애 시절의 적적함 같은 것도 느껴졌다. 그런 기분은 서로의 말문을 닫게 했다.

'언제 우리가 다시 만날 수 있을까?'

속으로 그런 말을 하며 쿠마리를 안고 작별인사를 했다.

"안녕히 가세요. 그동안 감사했습니다."

"당신도 잘 지내세요."

그녀가 그렇게 우리 곁을 떠났다.

리무진 버스를 타고 돌아오는 길에 눈 덮인 들판만 하염없이 바라보았다. 유이키와 소나, 테리, 모두 함께 이 버스를 타고 신열에 들뜬 기분이었던 것이 엊그제 같은데 지금은 혼자다. 그동안 많은 일들이 있었고 시간은 찰나처럼 지나가버렸다.

'지난 시간 동안 우리에게 어떤 일이 있었던 거지? 그녀는 누구였지?'

서운하고 섭섭하고 후련하고 뿌듯한 여러 가지 복잡한 감정이 뒤섞였다. 온통 새하얀 설경이 아니라 어디는 녹아 검은 땅이 드러나 보이고 어디는 잔설이 남아 떡시루 같은 바깥 풍경만큼이나 마음도 술렁거렸다.

문득 그녀가 저 드넓은 대지의 모습을 닮았다는 생각이 들었다. 생각과 가치관이나 행동이 다르지 않았던 쿠마리. 어떤 사람, 어떤 일, 어떤 종교를 다 포용해줄 수 있는 열린 생각을 갖고 있는 그녀가 찬 눈을 품고 있는 땅의 모습이었다는 생각이 들었다. 그녀는 돌아갔지만 그 땅위를 우리가 딛고 잘살게 되리라는 생각도.

'순례자'

인도에 가기 전 나는 파울로 코엘료의 작품에 대한 정보를 접했다. 인터넷을 통해 《연금술사》와 《순례자》 등의 줄거리를 살펴보면서 언젠가는 이런 작품을 쓰고 싶다는 막연한 동경이 생겼다. 그러면서 정작 그의 책을 읽지 못했다.

그러다 인도에 갔고 한국에서 가져간 책 몇 권을 읽고 나니 책읽기에 대한 갈증이 일었지만 여전히 파울로 코엘료의 한글 책은 접할 수 없었다. 한국 여행자들이 주고 가는 여행 관련 책을 종종 볼 수 있었고 바라나시나 맥클로드간지에 가면 한국인이 운영하는 카페에서 책을 대여해줘 다른 종류의 책으로 책에 대한 갈증은 해갈할 수 있었다.

영어로 된 책읽기가 너무나 자연스러운 테리는 인도 여행 중에도 내가 읽지 못해 아쉬운 책, 특히 파울로 코엘료, 무라카미 하루키, 제인 오스틴 등의 영문소설들을 어디서든 구입해 읽었다.

코엘료의 소설을 읽고 싶었지만 한국에 돌아와서도 서점이나 도서관에 가 그 책을 읽어볼 마음의 여유를 갖지 못했다. 그런데 어느 날 쿠마리는 우리의 치료 과정을 일기로 쓰라고 하더니 그 일기를 바탕으로 글을 써 책으로 출간하라고 했다. 직업이 글을 쓰는 사람이니 언젠가 어떤 글에서든 지금의 경험이 녹아나겠지만 치료 과정 전체를 글로 써야 한다는 것이 부담스러웠다.

그때 문득 파울로 코엘료의 《순례자》라는 소설이 떠올랐다. 마치 우리의 치료 과정이 파울로가 찾아나선 순례의 길과 비슷하지 않을까 하는 막연한 생각이 들었다. 그날로 서점으로 달려가 《순례자》와 《연금술사》를 구입했다. 인도 가기 몇 년 전부터 읽어보기를 갈급했던 책을 이제야 겨우 읽어보게 된 감회가 남달랐다. 앉은자리에서 다 읽어버릴 수 있을 것처럼 집중돼 책장이 잘 넘어갔다.

《순례자》를 읽는 도중 눈에 띄는 단어를 발견했다. 주인공이

속해 있는 종교단체가 지향하는 정신을 압축한 글자 '람(RAM)'이다. 책에서 이 RAM은 엄격함의 Rigor, 숭배 Adoration, 자비 Mercy의 앞 글자이고 또한 왕국의 Regnum, 어린 양 Agnus, 세계 Mundi의 앞 글자를 딴 단어라고 설명하고 있다. 이 글자 '람'은 공교롭게도 쿠마리의 영적인 아버지 '람(Ram)'과 스펠링이 같았다. 그것이 하도 신기해 그 책을 쿠마리 앞에 펼쳐 보여주었다. 그리고 꼭 읽고 싶었지만 이제야 비로소 《순례자》를 읽게 되었다는 말도 털어놓았다. 서로 한참을 신기해하며 웃었다.

《순례자》를 읽고 나자 내가 그토록 《순례자》라는 책을 갈망하며 내면에서 끌렸던 이유를 알게 됐다. 삶을 살아가며 사람들은 비슷한 갈등에 놓이는 경우가 많다. 어디선가 본 듯한 현상, 사건, 생각이 겹쳐 일어나는 경우가 있는데, 순례자 속의 주인공 일부가 마치 내 모습을 반추하고 있는 것 같았다.

누구나 살아가며 일상 중에 심한 혼돈에 직면한다. 그 혼돈에 직면했을 때 그것을 해결하는 과정이 다를 뿐이다. 《순례자》에서 주인공은 검을 찾아 길을 나서는 것으로 그 혼돈을 해결했고 우리는 쿠마리를 통해 그 혼돈을 극복한 셈이다.

《순례자》를 읽고 나서야 예전에 이 책을 있었다면 지금처럼 감동적으로 와 닿지는 않았을 거라는 걸 알았다. 그만큼 책 속의 어휘와 문장 하나하나가 내가 경험하거나 쿠마리가 말하는 것처럼 깊게 각인됐다. 책에 등장하는 람의 의미가 담고 있는 상징성 있는 단어들은 그녀가 우리 집에 머물며 우리와 나눈 대화 속에 종종 등장했던 단어들이기 때문이다. 물론 그 단어가 상징하는 의미일 수도 있고 아닐 수도 있지만 그 단어만으로 우리 생활 속에 적용해볼 수 있었다. 테리와 내 관계에서 존재해야 한다는 엄격함이라든가, 신께 무조건 의탁하라는 숭배의 정신, 가난한 이웃이나 스스로에게 가지라는 자비심, 신을 중심으로 한 우주는 하나의 왕국이라는 것이나 우리 모두는 신의 자식으로 어린 양이며 세계는 하나의 공동체라는 말까지.

그녀가 돌아간 뒤에 다시 《순례자》를 들여다보며 그 단어들이 주는 의미들을 곱씹어보았다. 내가 깊이 마음에 새겨야 할 단어들이라는 것을 인식하면서.

그녀의 손에 이끌려 함께 어딘가로 순례의 길을 떠났다 돌아온 것 같았다. 그녀와 함께한 시간에 대해 이렇게 작은 것 하나에도 소중한 의미를 부여하게 됐다.

오늘이라는 선물

그녀가 돌아가고 이튿날은 마침 일요일이었다. 오래전 시어머니의 권유로 세례를 받은 지 25년 만에 성당에 다시 나가게 되었다. 신께 우리를 의탁하기로 한 약속을 지키기 위해서지만 자연스럽게 함께 어딘가로 순례의 길을 떠났다 돌아온 것 같았다.
그녀와 함께한 시간에 대해 이렇게 작은 것 하나에도 소중한
의미를 부여하게 됐다

신께 다가가고 싶은 마음이 생겼다.

일요일 아침 분주하게 치장을 하고 성당으로 가 미사에 참석했다. 묘한 기분이었다. 긴 세월 동안 어딘가를 헤매며 방황하고 있는 나를 누군가 제자리에 돌려보내준 것 같은 뭉클함이 올라왔다. 신부님의 목소리가 들릴 때마다, 독서자가 읽는 성경의 모든 구절이나, 성가가 울릴 때마다 나를 위한 말씀이고 나를 위한 노래 같았다. 눈물이 났다. 테리가 내가 우는 것이 신경 쓰이는 모양이었다.

"왜 자꾸만 울어?"

"그냥 눈물이 나와."

눈물을 닦으며 울지 않으려고 애써보았지만 눈물이 계속 질금거리며 나왔다.

성당을 나서며 테리에게 물었다.

"테리야, 쿠마리가 아니었다면 우리가 성당에 다시 나올 생각을 했을까?"

"못했지."

그랬다. 마음이 힘들면 혼자 차를 끌고 여기저기 배회했고 두어 차례 성당 앞을 지난 적이 있다. 순간적으로 들어가볼까 하는 생각을 한 적도 있다. 하지만 마치 벌판에 공장처럼 가건물로 세워진 성당은 썰렁했다. 신부님이나 신자들을 찾아 이야기를 해볼 엄두를 내지 못했다.

그랬던 성당인데, 그녀가 돌아가고 바로 이튿날 아무런 거리낌

없이 자연스럽게 성당으로 발길을 옮길 수 있었다.

성당에는 옛 고향마을 사람들이 많았다. 돌아가신 아버지나 어머니를 알고 있는 사람들도 많았다. 혹여 이분들을 뵈면 내 마음이 불편할 수 있을 거라고 생각했지만 실제로는 편안했다.

본당 신부님이 테리를 무척 반가워했다. 젊은 신자들이 드물기 때문이다. 아직 세례도 받지 않은 테리에게 주일학교 보조교사를 하면 세례를 속성으로 받도록 해주겠다고 제안하셨다. 일찍 세례를 받을 수 있다는 말보다 성당에서 테리의 일손이 필요하다는 게 좋았다. 교회 공동체 안에서 소속감을 느낄 수 있을 것 같았고 아이들 돌보는 일을 좋아하는 테리에게 신이 나는 일이라고 생각했다. 나 역시 봉사단체에 가입해 신앙생활의 기본부터 배워나가기로 했다.

그렇게 분주한 나날이 계속되는 동안 우리에게는 오늘만 있었다. 우리가 옛날에 어떻게 살았고 내가 무엇을 어떻게 했고 등의 쓸데없는 과거를 돌이킬 시간도 여유도 마음도 없었다. 오직 값진 보물 같은 오늘만 있었다.

현재는 영어로 'present'이며 이는 '선물'이라는 다른 의미가 있다. 왜 현재가 선물이라는 뜻과 같은지 생각해보라던 한 신부님의 말씀이 이제서야 공감이 되었다. 그 의미를 왜 진즉에 몰랐을까. 유난히 과거에 연연하고 집착했고 미래에 대한 과한 욕심에 매달렸던 나였다. 이제는 아니다. 과거도 미래도 아닌 오직 현재가, 오늘이, 이 순간만이 소중해졌다. 하루하루가 살맛난다는 말이 저절로 느껴질 만큼 순간의 시간을 즐기게 된 것이 얼마나 다행스러운지 모르겠다.

좀처럼 변할 줄 모르던 질긴 내가 변하고 있었다.

"엄마, 테리가 살아났어"

치료가 끝났다고 가장 좋아하는 사람은 엄마였다. 쿠마리가 와 머문 동안 이런저런 걱정이 많았으면서도 아무런 내색을 하지 못하고 속으로 얼마나 노심초사하며 지냈을까 짐작이 갔다.
"이제 다 괜찮은 거야?"
"응. 괜찮아. 테리 살아났어. 엄마가 제일 마음고생했지 뭐."
"됐다. 테리만 좋아졌으면 됐다. 이제 두 다리 뻗고 자겠네."
테리에 대한 사랑이 각별한 엄마였다. 그만큼 좋은 모양이었다.
정말 테리가 살아났다. 테리의 얼굴에 환한 미소가 다시 살아났고 스펀지를 데리고 운동하러 나가는 발걸음이 너무나 경쾌했다. 밝고 자유롭고 의욕 넘치고 용기 있고 남을 배려하는 멋진 테리로 돌아왔다.

테리는 여전히 수영장과 아르바이트를 오가느라 분주했다. 곧

부활절이 다가왔고 테리는 '엘플레다'라는 세례명으로 세례를 받았다. 테리가 세례를 받는 날 나는 또 눈물이 났다. 예쁜 원피스를 입고 가슴에 꽃을 달고 미사보를 쓰고 있는 테리는 눈부시도록 아름다웠다.

"너는 어딜 가나 빛이 나는구나. 너무 예쁘다."

"흥, 자기 딸은 누구나 다 예쁜 법이라는데. 고슴도치도 제 자식은 예뻐 보인다잖아."

테리는 내가 예쁘다는 표현을 쓸 때마다 늘 이렇게 대꾸한다. 이제부터는 테리가 영성체를 모실 수 있게 됐다. 신의 자식으로 새롭게 태어난 셈이다.

테리가 아르바이트를 그만두고 영어 토플 시험을 준비하기 시작했다. 토플 성적을 올려 영어 특별 전형으로 대학에 가겠다는 것이다. 아르바이트는 더 할 생각도 있었는데, 아르바이트 시간이 불규칙적이어서 학원 시간과 어긋났다.

수능 전 과목 공부를 하지 않아도 대입을 준비할 수 있게 된 것은 다양한 입시전형 덕분이다. 입시 위주의 제도권 교육이나 일관성 없는 대입제도가 싫었지만 결국 그 일관성 없는 대입제도의 덕을 보게 된 아이러니한 상황에 놓인 것이다.

어쨌든 테리는 수능에 대한 부담이 없어졌고 영어만 목표하는 만큼의 성적을 내면 원하는 대학에 진학할 수 있겠다고 나름 영어 공부에 올인했다. 어떤 대학에 가든 한 만큼 가게 될 테니 온전히 테리 자신에게 맡기기로 했다. 물론 주말에 성당에 나가 어린아이들과 함께하는 주일학교 교사는 빼먹지 않았다.

테리가 다시 그림을 그리기 시작했다. 책도 다양하게 읽었다. 미래의 꿈도 되찾았다.

인도 여행 중에 테리는 캘커타 '사랑의 집'에서 자원봉사한 것을 계기로 유엔의 기아대책기구 같은 단체에서 식량이 부족해 굶는 어린이들을 돕겠다고 결심한 적이 있다. 그 꿈을 되찾은 것이다. 목표가 뚜렷해지자 나름대로 준비도 열심히 했다. 지난해 못 한 스페인어 공인 시험도 치러 원하던 등급에 합격했다. 집 안에만 있지 않고 스스로 자기 할 일을 찾아 나섰다. 도서관에도 가고 운동도 열심히 했다.

밤에 잠들기 전 무서워하지도 않았고 가슴이 답답하다는 하소연도 하지 않았다. 가끔은 짜증도 내고 화도 내지만 가슴속 깊이 우러나온 화가 아니었고 돌아서면 잊혀질 만큼의 소소한 화를 내는 정도로 변해가고 있었다. 그 어디에도 우울하고 외로운 모습이 보이지 않는다. 치아 교정을 재촉하지도 않았고 살이 쪘다고 그것을 내게 화풀이하지도 않았다.

생각과 분별력이, 모든 것이 다 제자리로 돌아왔다.

화, 한숨이 사라졌다

아침에 출근하면 제일 먼저 우리 신문과 다른 회사의 신문을 비교하는 것으로 하루 일과가 시작된다. 다른 신문에 다룬 내용을 우리 신문이 다루지 못했을 때 심한 스트레스를 받곤 한다. 신문이 서로 다른 기사로 채워지는 것은 당연한 일이다. 그럼에도 불구하고 다른 신문과 다르거나 빠진 것이 있다고 스트레스를 받는 것은 신문에 관한 한 결코 완벽할 수 없는 내가 완벽한 척 기를 쓰는 모양새다.

굳이 이럴 필요가 있을까. 이런 일이 자만과 허세에서 비롯됐다는 것을 깨달았다. 스트레스는 영혼을 갉아먹는 일이다. 참 미련한 일이었다. 완전해야 한다는 강박증에서 놓여나니 자연스럽게 스트레스도 사라졌고 신문에서 정작 무엇이 부족한 것인지 제대로 보였다. 스트레스 받을 일이 아니고 노력하면 되는 일이었다. 신문을 다 만들어놓고 스트레스를 받는 대신 할 수 있는 역량 안에서 최선을 다해보고 그런 다음에는 아침을 기대하지 않아야 하는 일이다.

'나를 비운다', '내려놓는다'는 의미를 알 것 같다. 나를 내려놓지 않으면 세상은 온통 스트레스투성이다. 틈만 나면 송곳이 되어 서로를 찔러댄다. 오랫동안 남모르게 품고 있던 자만과 허세를 버리는 것만이 그 스트레스에서 놓여나는 길이다.

언젠가 테리는 "엄마의 말은 내게 송곳이었어" 했다. 물론 나의 모든 말이 테리의 가슴에 송곳이지는 않았을 것이다. 또한 그 송곳을 테리에게만 향했을 리 만무하다. 내가 의식하지 못한 채 숱한 사람들에게 송곳이었듯이 나 역시 수많은 송곳의 한가운데 놓여 있었다. 허세와 자만이 만들어준 송곳이었다. 이 송곳은 타인도 찌르고 나 자신을 찌르기도 했다. 내 안에 있던 송곳이 사라졌다. 오랫동안 끊임없이 자책하고 타인을 질책하고 원망하며 날을 세웠던 무수한 송곳이 없어졌다.

"당신 자신을 사랑하세요. 인간이기 때문에 부족한 것은 당연합니다. 그것을 자연스럽게 받아들이세요. 죄책감에 사로잡혀 자책하고 부끄러워하지 마세요. 당신은 소중한 존재입니다."

쿠마리에게 처음 들은 말이 아니었지만 그녀는 이런 것을 긍정으로 받아들일 수 있도록 도와주었다.

아주 어린 시절부터 어른들이 내게 늘 이런 말을 했다.

"어린 것이 왜 그렇게 청승맞게 한숨을 쉬어? 땅 꺼지겠다. 세상 짐 혼자 다 지고 있는 것처럼."

수없이 야단을 맞으면서도 고쳐지지 않았다. 돌이켜보면 한숨을 쉬고 싶어서 쉰 것이 아니었다. 가슴에 무엇이 딱딱하게 있는 것처럼 답답해 숨을 크게 쉬어야 속이 시원했다. 그러던 것이 이제야 딱딱한 무엇이 없어졌고 숨을 편안하게 쉴 수 있게 된 것이다.

수십 년 가슴에 달고 살았던 딱딱한 것이 마음이 만든 실체 없는 덩어리였는지, 실제 숨을 방해하는 어떤 덩어리였는지 모르겠지만 그것이 없어지니 자연스럽게 한숨도 사라졌다.

여느 날과 다름없는 일상이 계속되었지만 한 가지씩 작은 변화가 일기 시작했다. 그 변화의 핵심은 우리의 삶이 앞으로 진보하며 나아가고 있다는 점이다. 이제 비로소 비우고 내려놓는 법을 배웠다. 과거를 끌어내 자책하거나 잡히지 않는 것을 잡겠다고 집착하지 않았다.

일상생활에서의 소소한 욕심도 많이 사라졌다. 테리와 겪는 사소한 갈등은 여전하지만 그 빛깔은 분명히 달랐다. 갈등이 있어도 나는 절망스럽거나 슬프거나 우울하지 않았고 불행하다는 생각을 하지 않았다. 내면이 삶에 대한 충만함으로 가득 차 일상이 따뜻해졌다는 것을 느낀다.

세상이 달라 보였다. 이해 못할 일이 아무것도 없는 것처럼 세상에 대해 온유해졌고 너그러워졌다.

신문사에 출근해 글을 쓰는 일도 계속됐다. 인도에서 돌아와 어떤 일을 하며 생활비를 충당할까 막연했던 때를 생각하면 감사한 일이었다. 박봉이어서 경제적인 어려움은 인도 가기 전이나 별 차이가 없지만 삶에 긴장감이 생긴다는 긍정적인 생각으로 변했다. 부족한 대로 살아갈 만하다.

내 몸이 마법에 걸린 것처럼 내 안에 오랫동안 쌓였던 나쁜 에너지의 실체들이 모두 사라진 것 같았다. 정말 신기한 일이다.

삶의 십자가를 내려놓아

테리가 대학에 진학했다. 자신의 실력이나 노력보다 꿈은 누구나 크게 갖는 것 같다. 테리 역시 자신의 노력보다 기대가 컸다. 좀 더 노력을 하지 않은 것을 반성한다고 했다. 좋은 경험이었다. 가고 싶어 했던 대학은 아니지만 그토록 원했던 서울의 4년제 대학에 합격했다. 그것만으로도 만족해야 했다.

테리에게는 상처를 오래 쌓아두지 않고 바로 털어내는 긍정의 힘이 강했다. 참 좋은 점이라고 생각한다.

"어디든 가서 나 할 나름이라는데, 열심히 할 거야. 편입도 있고 반수도 생각해볼 수 있고. 길은 여러 가지가 있지 않겠어?"

"그럼. 그러면 되지. 여기가 끝이 아닌데. 당연하지."

테리가 원하면 서울 유학도 가능하다고 말했지만 막상 현실이 되고 보니 아득하긴 했다. 대한민국 서울이라는 곳이 물가가 비싸기로 세계에서 소문난 동네인 만큼 우리가 감당할 수 있을지 걱정이 앞섰다.

"우리의 든든한 백이 계시잖아. 신의 뜻이라면 우리를 이끌어주시겠지."

믿음은 곧 현실이 되었다. 긍정적인 생각은 모든 일을 좋은 방향으로 흐르도록 하는 힘이 있다. 신기하리만큼 모든 게 우리가 원하는 좋은 쪽으로 정리가 됐다. 테리는 자치단체에서 운영하는 기숙사 공모에 합격해 아주 저렴하게 기숙사 생활을 할 수 있게 됐고 입학금에 대한 부담도 한결 덜 수 있을 만큼의 장학금도 받게 됐다.

나보다 테리는 언제나 긍정적인 생각을 하는 아이였다. 내가 눈에 보이는 현실에 조급해 연연해하고 있을 때 테리는 바로 털어내고 한 발 앞서 갔고 내가 누군가를 비판하고 판단하고 있을 때 테리는 보이는 대로 믿어주곤 했다.

이런 테리의 생각이 테리의 삶을 좋은 쪽으로 이끌어주는 것 같았다.

누군가 당신의 십자가는 무엇입니까 하고 물으면 나는 늘 '테리'라고 대답했다. 참 어리석었다. '그걸 테리가 원할까?'라는 물음을 최근에야 스스로에게 던지게 됐다.

내가 내 십자가를 테리라고 생각하게 된 것은 테리의 출생까지 거슬러 올라간다. 결혼 5년이 되어도 아이가 생기지 않았다. 우리 부부는 서울에서 가장 유명하다는 산부인과 종합병원을 찾아갔다. 그곳에서 여러 가지 종합검진을 받은 결과 불임의 원인을 발견했고 그 원인은 약으로 개선이 가능하다는 진단을 받았다. 그런데 개선이란 확률상 기적이 수반돼야 가능했다.

우리는 신께 간절하게 기도했고 그 간절함은 기적을 이루어줬다. 그렇게 해서 태어난 아이가 테리다.

그런데 그 후 줄곧 나는 테리를 내 삶의 십자가라고 생각하며 살아왔다. 어느 순간부터 테리가 그토록 간절하게 원해 우리 곁에 온 아이라는 것을 잊었다. 간절함으로 태어난 테리의 존재보다 나는 내 인생이 더 간절해지기 시작했다. 테리를 곁에 두지 않고 자꾸만 떼어내는 것이 내 인생을 찾는 일 같았고 내 존재를 확인하는 것 같았다. 그때부터 모든 일에 조급해졌고 모든 긍정적인 사고가 부정적인 사고로 변하기 시작했다.

부정적인 생각은 부정적인 것을 일으켰다. 시간이 흐르면서 모든 부정적인 일들이 어린 시절 테리를 제쳐두고 내 인생만 생각했던 것에서 기인한다는 죄책감으로 변해 나를 덮어씌우는 올가미가 됐다. 스스로 내 어깨에 져야 할 또 다른 십자가가 됐다.

"어린 시절 너를 외할머니에게 맡겨놓고 직장생활하며 네게 엄청난 상처 준 거 정말 미안해."

"직장생활하는 엄마들 다 그렇지 않아? 이해해."

"정말?"

"그럼. 이제 와서 그걸 돌이킬 수도 없는 거고. 엄마는 쓸데없는 죄책감 갖고 엄마 스스로를 괴롭히지 마. 다 지나간 일이잖아. 나는 그런 과정 겪으며 성장했어. 내 성장 과정 나쁘지 않았어."

"정말 그렇게 생각하니?"

"그렇다니까."

"테리 화끈하다."

"나 이런 사람인 거 이제 알았어?"

"아니. 너 멋진 거 예전부터 알았어. 고마워, 테리."

테리는 언제 자신에게 그런 시련이 있었는지조차 기억하지 못하는 아이처럼 현재를 즐기며 살고 있다. 모든 것을 긍정적으로 생각하고 믿으며.

나도 어느 순간부터 오래된 나쁜 습관을 버리고 내 사고가 긍정으로 바뀌어 있는 것을 발견한다. 스스로 짊어진 십자가에서 겨우 벗어나 이제 더 이상 테리 인생에 대해 연연해하지 않는다. 과거에 대한 자책으로 현재나 미래의 내 인생마저 엉망으로 만들어버리는 일만큼 어리석은 것도 없기 때문이다.

테리와 나는 과거를 툭 치듯 다 털어버렸다.

몸과 영혼이 새털처럼 가벼워졌고 세상으로부터 내가 얼마나 자유로운지 알게 됐다.

나 자신과 하는 고해성사

테리는 대학에 가고 나서 학창 시절을 신명나게 보내는 모양이었다. 몇 년을 소속감 없이 살다 많은 친구를 만났으니 여기저기 노는 곳이라면 마다하지 않고 분주하게 다니는 것 같았다. 신입생

환영회나 입학여행 등 온갖 모임에서 얼마나 목청껏 노래를 불렀는지 목 성대에 문제가 생겼다. 목소리가 쉬어 나아지지 않았다. 병원에 갔더니 성대에 굳은살이 생겨 간단한 수술이 필요하다고 했다

목 성대 수술을 받기 전 검사를 위해 병원에 갔다 집에 돌아온 테리가 "엄마에게 맡긴 만트라 목걸이 줘"라고 했다.

"어? 그거 나 받은 적 없는데."

참 공교로운 일이었다. 불과 몇 시간 전의 일인데, 테리는 엑스레이 촬영실에 들어가면서 내게 목걸이를 풀어 맡겼다고 했고 나는 전혀 기억이 나지 않았다. 테리는 내게 준 기억이 선명하다는데 나는 아무리 생각해도 백지처럼 하얗게 그 상황이 떠오르지 않았다.

"엄마, 우리에게 더 이상 만트라가 필요 없어진 게 아닐까? 그렇지 않고서야 1년 넘게 한 번도 잃어버린 적이 없던 만트라가 이렇게 흔적도 없이 사라질 수가 있어?"

테리가 말했다.

"그런가? 그런가보다. 잊어버리자."

그렇게 해서 1년 반 동안 테리 목에 걸려 있던 만트라가 사라졌다.

며칠 후 나는 성령기도회에 가게 됐다. 기도회 면담 시간에 그동

안 내가 경험한 치료 이야기를 글로 쓰고 있다는 이야기를 하자 면담을 해주는 봉사자가 좀 당황해하며 "꼭 신부님과 상담하길 바란다"고 했다. 조금은 난감한 마음으로 신부님께 고해성사에서 얘기해야겠다 싶어 기다리고 있는데, 그때 내 앞자리에 앉아 있던 한 분이 뒤를 돌아보며 말을 걸었다. 그녀는 나와 같은 조에 배정된 신자였다.

"그 목걸이 좀 특별해 보이는데 무슨 의미가 있나요?"

쿠마리가 다녀간 후로 성당을 다니면서도 우리는 만트라를 특별히 의식하지 않고 자연스럽게 액세서리처럼 목에 걸고 다녔다. 누구도 그 목걸이를 궁금해하며 말을 걸거나 물어본 적이 없었다.

"아, 예. 좀 특별해요."

"우리 신자들은 보통 목에 십자가를 걸고 다니는데 십자가가 아니어서 눈에 띄었어요."

그녀는 그 특별한 목걸이에 대한 사연을 궁금해하며 돌아앉았다. 그 사이 나도 모르게 목걸이에 손이 갔다. 불현듯 테리처럼 나도 더 이상 만트라가 없어도 되지 않을까 하는 생각이 들었다. 신께 온전히 맡긴다는 기도를 매일 하고 있는데, 우리를 지켜줄 만트라가 있어야 하나라고 자문했다.

나는 목걸이를 주물주물 만지다 슬그머니 풀어 손에 쥐었다.

굳이 신부님과 의논하지 않아도 쿠마리와 함께한 시간을 글로 남기는 것은 필연이라는 것을 몸으로 느끼고 있었다. 그것으로 충분했다. 글을 쓰는 일은 나 자신과 하는 고해성사였다.

공교롭게도 며칠을 사이에 두고 우리의 만트라는 사라졌다. 있는 듯 없는 듯 무심한 것 같아도 우리는 만트라를 애지중지했다. 그럼에도 우리는 만트라가 사라진 것을 자연스럽게 받아들였다.

테리와 함께 견진성사를 받는 날이었다.

본당 신부님이 이번 성사는 주교님께서 직접 오셔서 주시는데 소원을 마음속에 담았다가 성사를 주고 안수를 하실 때 빌라고 했다. 마음속으로 어떤 소원을 빌까 고심했다. 건강을 빌까, 테리가 잘되게 해달라고 빌까. 아니면 글 쓰는 일이 성공하게 해달라고 빌까. 돈을 많이 벌게 해달라고 빌까. 의자에 앉아서 순서를 기다리고 있는 동안에도 나는 결정을 못하고 있었다.

드디어 내 차례가 되어 주교님 앞에 섰는데, 아무 소원도 떠오르지 않았다. 다만 '감사합니다'라는 말만 떠올랐다.

이상하게도 모든 소원이 사라지고 눈물이 날 만큼 감사하다는 말 외에는 아무 생각도 나지 않았다. '무엇을 더 바랄 게 있을까.' 지금 이 순간이 너무 감사할 따름이었다.

산책, 삶의 덤

인도 여행 중 가장 좋았던 시간들은 시간이나 장소에 구애받지 않고 자유롭게 맘껏 산책을 할 수 있었던 것이다. 큰 도시에서는 복잡한 시장 거리를 두리번거리며 걸었고 돌 천지의 사원 유적지에서는 맨발로 그늘을 찾아 사원 안을 하염없이 걸었다.

오로빌이나 티루반나말라이 같은 자연풍광이 좋은 곳에서는 숲속을 매일 걸었다. 어느 곳에서나 산책은 나를 고요하게 만드는 시간이었다. 산책 시간이 길면 길수록 내 마음은 더 평화로워졌고 고요해졌다. 산책하다 비를 만나거나 심한 바람을 만나도 그것을 온몸으로 받아들이며 즐겼다. 여행하는 동안은 이런 산책이 맘껏 가능했다.

수많은 수행자들이 마음의 평화를 위해 명상을 권한다. 실제 명상의 경지에 다다른 사람들의 이야기를 들어보면 부럽기도 했다. 그 어떤 좋은 음식보다 그 어떤 값진 물건보다 명상의 상태에서 느낄 수 있는 환희를 따라갈 게 없다는 것이다. 과연 그럴까? 그 세계가 궁금하기도 했지만 정작 명상을 시도해보면 온갖 잡생각이 끊이지 않고 몸은 지루해져 포기하고 만다. 완전한 명상의 세계로 접어드는 것은 한두 번의 시도로 되는 일도 아니었고 누구나 할 수 있는 일도 아니었다.

하지만 종종 명상을 시도하는 일은 좋았다. 사람과 사람 사이의 관계에서 무수한 말보다 침묵이 더 좋은 소통의 창구가 될 수 있다는 것을 여러 차례 경험한 내게 잠시 대화를 중단하거나 아니면 홀로 있는 시간을 갖고 조용히 명상의 세계에 진입해보려는 시도는 필요했다.

아루나찰라 산을 산책하다 큰 바위에 앉아 하늘을 보거나 숲을 바라보며 눈을 감고 그 순간을 몸으로 즐겨보는 일. 머리 위로 새가 날거나 구름이 흘러가고 있다는 것도 잊고 오직 모든 생각을 정지시켜 머물러보는 일. 늘 조급하게 분주하게 살았던 내가 누려볼 수 없었던 절대적인 시간이기도 했다.

내게 산책은 곧 명상과 같았다. 생각해보면 어린 시절이나 사춘기 시절 농촌에서 자랄 때 저수지 둑을 걷거나 논두렁길 걷기를 무척 좋아했다. 저녁에는 노을을 보며 산등성이를 걸었고 안개가 자욱한 날이면 끝이 보이지 않는 신작로 길을 걸었다.

산책을 하며 무수한 상상력을 끄집어내기도 했고 주변의 풀과 나무와 물과 하늘을 관찰하기도 했고 아무 생각을 하지 않는 무념무상의 상태를 즐기기도 했다.

이런 산책을 잊고 산 세월이 길었다. 직장을 다니기 시작한 이래 까마득히 잊은 상태로 지냈다. 그러다 인도에 가서 다시 산책을 즐기게 되었고 다시 한국에 돌아왔을 때 또 산책을 잊었다.

그러다 치유를 계기로 다시 산책의 즐거움을 누리게 됐다. 이제 산책은 스펀지를 위한 것이 아니고 내가 생존하기 위한 필수조건이 되었다.

먹고 앉아 뒹굴면서 소화가 안 된다고 먹었던 무수한 소화제, 괜한 스트레스로 주변 사람들에게 퍼부었던 독한 말들. 이 모든 것이 내 몸 안에 엄청난 독소를 만들었고 그 독소는 어린 시절 산등성이를 오르내리던 산책만이 해독할 수 있다는데, 그걸 여태 못하고 살았던 것이다.

산책은 많은 것을 새롭게 보게 한다. 이기적이라고 불만을 늘어놓았던 사람에게도 측은지심이 생겼고 적은 월급도 만족하게 만들어준다. 치열하지 못한 글쓰기에서도 마음 비우고 내려놓으라고 유혹하고 과거의 숱한 부끄러움과 수치심도 괜찮다고 속삭여준다. 하루 동안 너무 많은 말과 생각으로 고단해진 몸과 마음을 쉬게 해준다.

산책을 하는 동안 주변을 보지 않아도 좋고 생각을 하지 않아도 좋고 말을 하지 않으면 더욱 좋다. 산책은 나만을 위한 것이 아니게 됐다. 결국 내 글과 내 직장과 동료와 가족을 위한 헌신의 시간이기도 하다.

이렇게 하루 중 얼마간을 헌신하는 날과 그렇지 않은 날은 몸과 마음의 행복지수도 달랐다. 아루나찰라 산을 돌며 산책하는 일이 평화 그 자체였다는 것을 잊지 않는다면, 매일 어디든 하염없이 걸어볼 수 있다면 그곳이 굳이 인도나 그밖의 내가 꿈꾸는 여행지가 아니어도 좋다. 물질적인 무엇으로 환산할 수 없는 무한한 가치, 산책이 내 삶에, 일상에 커다란 덤을 만들어주었다.

다시 산책의 즐거움을 누리게 됐다.
매일 어디든 하염없이 걸어볼 수 있다면
그곳이 인도나 꿈꾸는 여행지가
아니어도 좋다.
산책이 내 삶에, 일상에 커다란 덤을
만들어주었다.

두려움에 직면하는 자세

인도 마날리 여행 중에 길을 걷다 멀리 있는 몇 마리의 개를 보았다. 가까이 가기도 전에 나는 그 개들이 무서웠다. 여행 중에 거리에서 숱한 개를 보아왔지만 한 번도 경험하지 못한 두려움이어서 나조차도 이상한 생각이 들었다. '왜 저 개들이 무서울까?' 우리는 목적지에 가기 위해서는 그 개들이 있는 곳을 지나쳐 가야 했고 그 개들도 우리가 가는 방향에서 우리 쪽으로 오고 있었다. 어느 시점에서는 만날 것이 뻔했다. 내가 무서워하자 테리가 별 걱정을 다한다며 핀잔까지 주었다.

내가 갑자기 개를 보고 두려웠던 것은 머리로 온갖 상상을 많이 한 때문이었다. 멀리 몇 마리의 개들은 누추한 차림의 한 인도 남자와 기싸움을 하고 있었다. 흔히 있는 그 풍경을 보면서 무심하게 지나치지 않고 여러 가지 상상을 하기 시작했다. 남자가 트집을 잡았을까? 개들이 미친 것일까 하면서 개를 만나는 순간까지 개에 대한 생각을 버리지 못했다.

개의 무리와 마주쳤을 때 나는 멈칫멈칫 주저하며 개들의 눈치를 보았다. 그 순간 작은 개가 내 정강이를 물었다. 바지를 걷고 다리를 보니 이빨 자국이 났고 피가 묻어났다. 우리는 바로 오토릭샤를 타고 병원으로 갔다. 3주 동안 일주일에 한 번씩 광견병 예방주사를 맞아야 했다.

두려워하는 마음이 두려운 일을 만든다는 것을 체험하게 한 사건이다.

스펀지를 데리고 산책을 가면 공원에서 만나는 아이들의 반응이 다 다르다. 어떤 아이는 스펀지를 보자마자 무섭다고 무조건 뛰어간다. 그럴 때는 스펀지도 예민하게 반응하며 짖고 뛰는 아이를 따라가 공격하려고 한다. 다른 아이는 보자마자 "아, 귀여워" 하고 달려든다. 그럴 때 스펀지는 그 아이가 자신을 공격하는 줄 착각하고 꽁지를 내려 내 뒤로 가 숨는다.

두려움이 꼭 그 모양 같다. 두려움을 미리 예측하고 떨고 있으면 실제 두려운 존재가 되어 나를 공격하고, 두렵지 않은 마음으로 다가가면 실제 두려운 존재라도 그것이 두려움이 되지 않는다. 실제 두려워하는 마음이 두려운 일을 만들어낸다.

나는 겉으로는 도전과 모험심이 강한 것 같으면서도 늘 자신 없고 겁이 날 때가 많았다. 쓸데없는 생각이 많고 가슴이 아닌 머리로 생각하기 때문이다. 적어도 머리가 아닌 가슴으로 세상을 바라본다면 두려움에 직면해도 그 두려움이 온전한 나만의 것이 되지는 않을 것이다.

세상은 우리가 통제할 수 없는 일들로 가득하다. 하지만 우리의 의지에 의해 우리 스스로 조율하고 통제할 수 있는 일들이 더 많다. 가족을 사랑하고 이웃을 배려하고 욕심을 줄이는 일들은 머리보다 가슴이 해야 하는 일이었다. 머리가 아닌 가슴으로 세상을 마주할 때 내 마음도 훨씬 따뜻해진다는 것을 알았다. 그것이 두려움과 만나지 않는 방법이었다.

테리에게

우리 딸 테리.

남들과 다르게 삶을 살듯 여행해보기를 목표로 삼았던 2년 3개월의 여행은 시간을 생각하면 여전히 아쉬운 숫자로 남는다.

여행자로서의 삶이 우리 삶의 전부가 아니었듯, 우리는 다시 한국에서의 삶을 잘 살아야 했다. 한국에 돌아와 삶을 살아가고자 할 때, 한국적인 삶은 떠날 때와 다르게 복잡하고 미묘했다. 마치 준비운동이 부족한 운동선수처럼 우리는 여러 가지 면에서 미숙했다.

여행을 하는 내내 살아온 많은 날들을 돌아보고 반성하고 뉘우치고 새로운 약속을 했다. 서두르지 말고 천천히 갈 것과 욕심을 부려 채우는 일보다 비우는 일에 더 마음을 쏟겠다는 것이며 작은 것에도 감사할 줄 알겠다는 결심이며. 온통 좋은 것을 다 생각하고 다 실천하며 살겠다고 다짐했지만 2년 3개월 만에 돌아온 현실에 몸을 담그면서 그 생각들은 꿈을 꾼 것처럼 희뿌연해졌다.

우리는 예기치 않은 고통과 맞닥뜨렸다. 여러 갈래의 길에서 한 길을 선택해야 했다. 그 과정에서 특별한 천사를 만났다. 천사와 함께

한 시간들은 인도 여행과는 또 다른 매력이 있었다.

돌이켜 보면 우리가 선택한 모든 것은 우리가 잘살기 위해서 한 최선의 선택이었고 그것은 매번 적중했다. 그 선택의 기로에서 항상 네가 나의 분신처럼 곁에 있었다. 네가 슬프면 나도 슬프고 네가 아프면 나도 고통스러웠지만 너로 인해 가슴 충만하던 날이 더 많았다는 것을 안다.

여러 일들을 겪으며, 완전할 수는 없지만 우리는 한층 성숙해졌다는 것을 느낀다. 앞으로도 삶의 한가운데서 수많은 격랑을 만나게 될 것이다. 그럴 때마다 이제 불안해하고 두려워하지 말자.

예측할 수 없는 미래는 누구에게나 두렵다. 하지만 마음먹기에 따라 두려움의 깊이가 달라진다는 것을 알았으면 좋겠다. 먼저 두려워하지 말고 온몸으로 견뎌주기를 바란다. 파도는 암초를 만나야 더 빛이 난다는 어느 시인의 말처럼 훗날 네가 더 빛나기 위해서는 숱한 암초를 만나야 한다. 그것을 두려워하지 말고 온몸으로 맞아 네가 더욱 빛나기를 바란다. 그것이 인생의 신비라고 말해주고 싶다.

우리가 남들이 가지 않는 길을 선택해 삶이 다양해지고 풍요로워졌듯이 앞으로도 우리만의 길을 가보자. 우리가 추구했던 정체되지 않은 변화를 좇아 언젠가 다시 미지의 세계로 향한다고 해도 좋겠다. 지금까지 그래 왔던 것처럼 누군가에 의한 것이 아니고 마음이 원하는 소리에 귀를 기울이며 능동적인 삶을 살자. 더없이 신비로운 인생의 맛을 느끼며.

우리의 이야기가 한 권의 책이 될 만큼 길었지만 너에게는 한 줄로 요약해 전하고 싶다.

가슴으로 생각하며 네 마음의 소리에 귀 기울여라. 그리고 낯선 세계에 거침없이 다가가라.

테리, 너는 참 좋은 사람이다. 존경한다. 그리고 사랑한다.

에필로그: 마지막 숙제의 의미

　나는 지금 우리의 이야기를 쓰고 있다. 쿠마리와의 인연이 어느 것 하나 특별하지 않은 게 없는데, 그녀가 돌아가며 우리의 이야기를 글로 쓰라고 당부했고 그 약속을 지키기 위해서다.
　이 이야기를 글로 쓰는 것이 어떤 의미가 있을까 당시로서는 감을 잡을 수 없었지만 그녀가 돌아가고 시간이 흐르면서 쿠마리가 내게 왜 이런 숙제를 남기고 갔는지 이해하게 되었다.
　글을 쓰는 직업인으로서 나의 내면을 한 가지씩 드러내며 타인과 공유하는 일 자체가 치유의 과정이다. 한 달 반 동안 경험한 우리의 생활과 변화, 그 이전에 겪었던 고통, 그리고 그녀가 돌아간 뒤 우리의 일상. 이것을 글로 쓰기 시작하면서 비로소 우리의 치료가 완성된다는 느낌을 받았다. 글을 쓰는 직업인으로서 나의 내면을 한 가지씩 드러내며 타인과 공유하는 일 자체가 치유의 과정인 셈이다. 글쓰기가 가지고 있는 또 다른 치유의 힘이었다.

처음 이 글을 시작할 때 한 줄 한 줄 문장을 완성할 때마다 울었다. 잊었던 고통을 되새김질해야 했기 때문이다. 지금 좋은데 굳이 옛날 상처를 끄집어내 기록으로 남겨야 하나 하는 의구심이 들기도 했다. 그러다 어느 순간 그런 생각이 잦아들었다. 쿠마리와 함께하며 한 가지씩 좋아지는 경험을 하게 된 시점으로 글쓰기가 진전되면서 내 기분도 한결 나아졌다. 글 쓰며 더 이상 눈물이 나지 않았고 오히려 엔돌핀이 샘솟는 것처럼 행복하고 즐거워졌다.

'아 이것이었구나.'

글을 쓰는 1년여 동안 고통과 좌절과 행복과 환희와 평화를 되새김질하듯 고스란히 다시 한 번 체험했다. 그러는 동안 나의 치유 경험이 더 새로워지고 견고해지는 것을 맛보았다. 지난 고통과 치유 경험을 마치 남의 일인 듯 객관적으로 바라보게 되었고 그 기억조차 즐길 수 있게 됐다.

덕분에 사유는 풍요롭고 자유롭다.

이것이 바로 내가 이 글을 써야 하는 의미였다.